채권을 알면 주식이 보인다

채권을 알면 주식이 보인다

신년기 지음

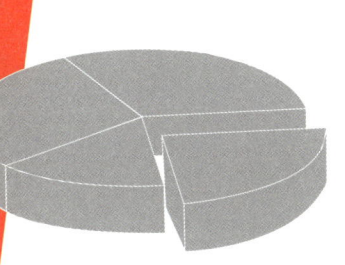
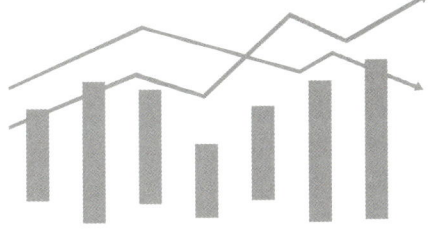

아라크네

채권쟁이의 눈으로 주식 투자를 바라보다

기사 1

오늘 우리는 윌로우라는 최신 양자 칩을 발표하게 되어 매우 기쁩니다. 윌로우는 여러 지표에서 최첨단의 성능을 보여 주며 두 가지 주요 성과를 가능하게 하였습니다.

- 첫째, 윌로우는 더 많은 큐비트를 사용할수록 오류를 기하급수적으로 줄일 수 있습니다. 이는 양자 오류 수정 분야에서 거의 30년간 해결되지 않았던 핵심 과제를 돌파한 것입니다.
- 둘째, 윌로우는 오늘날 가장 빠른 슈퍼컴퓨터가 10셉틸리언(10의 25제곱)년이 걸릴 계산을 5분 이내에 수행하였습니다. 이는 우주의 나이를 훨씬 초월하는 수치입니다.

Hartmut Neven, 「Meet Willow, our state-of-the-art quantum chip」(Google *press release*, 2024. 12. 9.)

> **기사 2**
>
> 그는 7일(현지시각) 미국 라스베이거스에서 열린 글로벌 기자간담회에서 "양자컴퓨터 기업과 협업하고 있지만 유용한 수준의 제품이 나오기까지 30년이 걸릴 수 있다"며 "15년 뒤에야 초기 단계의 제품을 볼 수 있을 것"이라고 말했다.

권오은, 「"30년 걸릴 것"… 젠슨 황 한마디에 양자컴퓨터株 급락」(조선일보, 2025. 1. 9.)

아직 상용화되지 않은 양자컴퓨터에 대한 서로 다른 시각이다. 미국의 양자컴퓨터 관련주로 잘 알려진 아이온큐(티커: IONQ)의 주가는 2020년 10월 이후 최저점인 주당 3.1달러(2022년 12월 기준) 대비 약 25배가 상승한 주당 75달러를 웃돈다(2025년 9월 23일 기준). 그러나 2024년 12월 말 기준 손익계산서를 볼 때 영업 손실은 약 2억 5,000만 달러(약 3,400억 원) 수준으로, 매출액 대비 5.3배에 달한다.

아이온큐 주가 추이 (2021. 9.~2025. 9.)
[단위: 달러]
자료: Yahoo Finance

아이온큐 재무제표 현황

[단위: 백만 달러]

구분	2021년	2022년	2023년	2024년
매출액	2	11	22	43
영업이익	−39	−86	−158	−232
당기순이익	−106	−49	−158	−331
영업현금흐름	−37	−57	−98	−129

자료: Yahoo Finance

    1~2년 안에 부도가 나도 이상하지 않을 정도의 손실 규모임에도 불구하고 주가가 상승 추이를 보이는 이유는 이렇다. 앞으로 조기에 양자컴퓨터가 빛의 속도 이상의 빠르기로 모든 일을 척척 풀 것이라는 기대감 때문이다. 이것이 언제 실현될지는 아무도 모른다. 구글이 자사의 윌로우를 수년 안에 상용화할 수도 있고, 젠슨 황Jensen Huang(엔비디아 CEO)이 말한 대로 30년이 걸릴지도 모른다.

    이것은 채권운용매니저로 적지 않은 기간 동안 채권의 시각에서 금융시장을 바라본 필자에게 흥미로운 지점이다. 아이온큐와 같은 주식은 흔히 '성장주'라고 불렸다. 현재 잠재력이 언젠가 현실화될 것이라는 투자자들의 기대감에 주가는 상승 모멘텀을 잔뜩 흡수한다. 그러면 채권쟁이의 시각에서 성장주는 무엇일까? 필자의 잠정적인 결론은 '듀레이션이 긴' 채권 상품 같은 것이다. 즉 호재를 만나면 주가가 다른 주식 종목보다 더 많이 상승하고, 경기 침체 등 악재에는 더 많이 떨어지는 모습을 보인다.

주식 종목들의 성격을 채권의 시각에서 재규명하고 싶었다. 예를 들면 항상 '돈을 벌어서 배당' 또는 '자사주 매입 후 소각' 등의 주주환원 정책을 펼치는 종목은 비가 오나 눈이 오나 채권 투자자들에게 발행자가 지급해야 하는 이자와 같은 개념일 것이다. 이처럼 채권의 개념을 주식의 특성에 적용하면 투자자들이 주식이 움직이는 원리를 더 쉽게 이해하고, 성향에 따라 종목을 선택할 수 있는 눈이 높아질 것이라고 생각하였다.

이 책은 가상의 인물들인 부자 사이의 대화로 이루어졌다. 경영학과 진학 후에 재무학을 전공하고 싶어 하는 아들 '정혁'과 채권 전문가이자 금융기관 임원으로 주식 운용을 동시에 책임졌던 '아빠'의 대화를 통해 독자들이 조금이나마 쉽게 채권의 원리를 이해할 수 있게 돕고, 이에 상응하는 주식 종목의 특성을 연결하고자 하였다.

필자는 단순히 채권의 개념과 주식 종목의 특성을 연결하여 정보를 제공하는 데 머무르고 싶지 않았다. 사실 처음 주식에 입문하는 경우뿐만 아니라 오랜 기간 주식 투자를 한 경험이 있는 분들도 아무도 투자하지 않는 '주식 빙하기'의 분위기에 영향을 받아 기회를 놓치거나, 투자하지 않으면 바보 취급받는 '주식 탐욕기'의 흐름에 휩쓸려 섣불리 투자했다가 큰 손실을 보는 사례가 많다. 이는 우리가 뉴스 같은 미디어와 주변의 말에 지나치게 의존하고 따르는 '오토매틱 모멘텀 투자' 성향을 보이기 때문이다. 따라서 필자가 생각하는 금융시장에서 유용한 심리지표들을 함께 소개하였다.

15년 전인 2010년, 아내를 따라 우연히 책 쓰기 강좌를 접한 이후 '책 한 권 쓰는 것이 내 인생의 목표'라고 끊임없이 되뇌었지만 막상 컴퓨터 앞에 앉아 한 글자를 타이핑하기가 두려웠던 시절이 생각난다. 2년 전 첫 책인 『20년 차 신 부장의 채권투자 이야기』를 출간했을 때, 출간의 기쁨과 함께 '생애 10권의 책을 쓰고 싶다'라는 바람이 생겼다. 2025년 11월, 많은 분의 도움으로 여덟 번째 책(공저 포함)을 내게 되었다. 모자란 지식과 졸필에도 불구하고 필자를 응원해 준 분들께 항상 감사한 마음뿐이다. 신간 『채권을 알면 주식이 보인다』가 주식에 조금이라도 관심 있는 독자분들에게 주식을 쉽게 이해하고 올바르게 투자할 수 있도록 안내하는 가이드가 되었으면 한다.

2025년 11월

신년기

추천의 글

채권의 언어로 주식을 해석하다

_**남석관**, 베스트인컴 회장

　주식 시장을 오랫동안 지켜보며 가장 아쉬웠던 지점 하나를 꼽으라면, '가격의 파도'를 이야기하면서도 그 파도를 일으키는 '바람(금리·신용·심리)'을 제대로 설명해 주는 책이 드물었다는 것입니다. 『채권을 알면 주식이 보인다』는 바로 그 빈자리를 정면으로 채웁니다. 주식이라는 결과를 채권의 언어로 해석해 원인까지 꿰어 주는, 드문 투자 교양서이자 실전 지침서입니다.

　이 책의 가장 큰 미덕은 "채권의 원리 → 시장 심리지표 → 주식 종목 특성"으로 이어지는 3단 구성입니다. 1장에서는 쿠폰·만기·듀레이션·인플레이션·크레디트 스프레드 등 채권의 핵심 개념을 쉽고도 단단하게 정리합니다. '금리는 물이 떨어지는 속도, 이자는 모인 물의 양' 같은 직관적 비유는 초보자도 이해하게 하고, 듀레이션을 '실질 만기·금리 민감도'로 재정의한 부분은 숙련 투자자에게도 관점을 새로 열어 줍니다. 고정·변동 쿠폰, 콜·풋옵션이 주가·채권 가격에 미치는 영향까지 연결하는 설명은 강의실보다 생생합니다.

2장에서는 금리·환율, 소비·공급(PMI), 공포지수(VIX)와 글로벌 매니저 설문 조사, 심지어 폴리마켓 등 '심리의 데이터화'를 폭넓게 다룹니다. 다들 "느낌"으로 말할 때, 저자는 지표로 확인하고, 상관관계를 서술이 아닌 구조로 보여 줍니다. '미국 지표＝독립변수, 한국 지표＝종속변수'라는 단정은 국내 투자자가 반드시 마음에 새겨야 할 실전 명제이기도 합니다.

3장은 백미입니다. 채권의 언어로 주식을 다시 분류합니다.

- '쿠폰＝주주환원'으로 읽으니 배당·자사주 소각이 단순한 호재가 아니라 "계약된 현금흐름"으로 보입니다.
- '만기·원금 보장＝야생연후살타'는 원금 방어의 철학을 전략으로 끌어내립니다.
- '듀레이션＝성장주의 민감도'라는 매핑은 금리 사이클에 따라 성장주 변동성이 왜 커지는지, 언제 베팅을 키우고 줄일지를 명료하게 제시합니다.
- '크레디트 스프레드＝기업 고유 위험'이라는 정의는 밸류업·하이일드·가치주를 동일 축에서 비교하게 합니다.

이렇게 추상 개념을 투자 의사결정의 체크리스트로 번역한 책이 얼마나 되는지 떠올려 보면, 본서의 가치가 더 또렷해집니다.

프롤로그의 양자컴퓨팅 사례(아이온큐)도 인상적입니다. 기술주 랠리의 흥분과 재무의 현실을 한 페이지에 겹쳐 놓고, "왜 기대(옵션)가 가격을 움직이는가, 그 기대를 채권의 틀로 어떻게 할인할 것인가"를 묻습니다. 신문 기사와 기업 재무 데이터가 '듀레이션'이라는 렌즈를 통과하면서 투기와 투자 사이 경계가 선명해집니다. 독자는 '뉴스-차트-재무-심리'를 단일 프레임으로 엮는 방법을 자연스럽게 배우게 됩니다.

서술 방식도 탁월합니다. 채권 전문가인 '아빠'와 금융을 꿈꾸는 '정혁'의 대화체는 어렵기 쉬운 개념을 친숙한 생활 비유와 표·그래프로 풀어내며, "왜 그런가"를 끝까지 따라가게 합니다. 교과서적 정의 대신 '현금흐름-할인율-심리'라는 삼각형을 반복적으로 체화시키니, 초보자는 '돈의 시간가치'를 몸으로 이해하고, 숙련자는 '사건이 수익률 곡선에 투영되는 과정'을 머릿속에서 시뮬레이션하게 됩니다.

무엇보다 이 책은 방향을 제시합니다.

1. 사이클: 금리의 상·하행 구간에서 어떤 투자 성격(성장/가치/배당)을 증감할지, 듀레이션 조절의 로드맵이 나옵니다.
2. 리스크: '원금 보장의 의미'를 만기와 유통시장의 가격 변동으로 분리해 설명하며, 중도 매도의 위험을 현실 수준으로 각성시킵니다.
3. 심리: '오토매틱 모멘텀'에 휩쓸리지 않고, 탐욕기/빙하기에서 체크해야 할 계기판(금리·환율·심리지표)을 마련해 줍니다.

책을 덮고 나면, 우리는 더 이상 "주가가 왜 오르나/내리나"를 감각으로 말하지 않습니다. 쿠폰·만기·듀레이션·인플레이션·스프레드라는 '채권의 문장'으로 말하게 되고, 그 문장은 자연스럽게 '주식의 답안'이 됩니다. 저자의 경력과 꾸준한 집필이 만들어 낸 탄탄함도 페이지마다 배어 있습니다. "주식의 바다를 항해하려면, 금리라는 조류를 읽어야 한다"는 간명한 진리, 이 책은 그 항법을 실전 언어로 가르칩니다.

주식에 첫 발을 디딘 분에게는 안전한 지도를, 경험 많은 투자자에게는 정교한 계기판을, 기관 투자자에게는 대중과 대화하는 문법을 선물하는 책. 『채권을 알면 주식이 보인다』를 기쁘게 추천합니다.

주식과 채권을 넘나드는 통찰

_**신동준**, 오스코텍 CFO(전 KB증권 리서치센터장, 자산관리 최고투자책임자WM CIO)

저자는 처음 만났을 때부터 아이디어가 풍부하고 분석에 깊이가 있는 채권 펀드매니저였습니다. 채권시장의 구조와 원리를 누구보다 잘 이해하고 있었고, 이를 바탕으로 늘 새로운 시각을 제시하곤 했습니다. 그 경험은 주식과 채권을 넘나들며 시장을 바라보는 통찰로 이어졌습니다. 애널리스트로 활동하던 당시, 그런 저자와의 투자 세미나는 늘 흥미로운 자리였던 기억으로 남아 있습니다.

『채권을 알면 주식이 보인다』는 이러한 저자의 경험과 사고가 집약된 결과물입니다. 채권의 기본 원리를 친절하게 풀어내면서, 이를 주식 투자에 접목시켜 독자가 시장을 보다 입체적으로 이해할 수 있도록 안내합니다. 특히 부자간의 대화로 이야기를 풀어내는 방식을 통해, 금융 이론을 쉽게 설명하는 동시에 투자 원리에 대한 저자의 오랜 고민과 실제 경험을 효과적으로 전달하고 있습니다.

이 책은 단순한 투자 지침서를 넘어, 균형 잡힌 시각과 원리에 기반한 사고를 일깨워 줍니다. 초보 투자자에게는 눈을 열어 주는 입문서가, 경험 많은 투자자에게는 새로운 시각을 제공하는 지침서가 될 것입니다. 채권과 주식이라는 두 시장을 연결해 내는 저자의 독창적인 통찰은, 시장의 변동성 속에서 흔들리지 않는 나침반이 되어 줄 것으로 기대합니다.

차 례

프롤로그　채권쟁이의 눈으로 주식 투자를 바라보다_ 4
추천의 글　채권의 언어로 주식을 해석하다_ 9
　　　　　주식과 채권을 넘나드는 통찰_ 13

Chapter 1
채권을 이해하면 투자시장의 흐름이 보인다

쿠폰 이자와 시장 금리의 차이 • 20
자금을 조달하는 두 가지 방법 | 채권의 어원은 속박 | 채권 가격은 금리와 반비례 | 고정금리 쿠폰과 변동금리 쿠폰

채권의 수명과 원금 보장의 의미 • 35
채권은 수명이 있는 증권 | 만기에 따른 금리 차이, 텀 프리미엄 | 콜옵션과 풋옵션 | 원금 보장의 의미

듀레이션은 실질 만기이자 금리 민감도 • 46
빌려준 원금만큼 이자로 회수되는 실질 만기 | 시점에 따라 달라지는 돈의 가치 | 실질 만기가 길수록 높아지는 금리 민감도 | 듀레이션이 긴 채권과 짧은 채권의 가격 변동 추이

인플레이션이 채권에 미치는 영향 • 58
물가 상승의 의미 | 물가와 금리의 상관관계 | 물가 안정을 위한 중앙은행의 조치 | 장단기 금리 역전은 불황의 시그널

신용등급과 크레디트 스프레드 • 71
신용등급의 정의 | 신용등급은 누가 평가할까? | 신용등급은 어떻게 분류될까? | 투자등급과 하이일드 등급 | 쓰레기 더미에서 진주를 찾은 마이클 밀컨 | 회사 고유의 위험, 크레디트 스프레드

Chapter 2
알아 두면 유용한 금융시장의 주요 심리지표

미국의 경제 지표는 왜 중요한가? • 86
세계 1위의 경제 대국 | 미국 달러는 전 세계에서 통용되는 기축통화 | 미국의 경제지표는 독립변수, 한국의 경제지표는 종속변수

금융시장의 자경단, 금리와 환율 • 96
평균 회귀의 법칙 | 투자는 심리 게임 | 금리 급등과 환율 급등은 위기의 신호

전지적 소비자 시점 심리지표 • 107
미시간대 소비자심리지수 | 한국은행 소비자심리지수

전지적 코인러 시점 사이트, 폴리마켓 • 117
집단 지성의 결정체 | 폴리마켓으로 시장을 전망하는 방법

전지적 공급자 시점 심리지표 • 130
미국 공급자관리협회 구매관리자지수 | 국내 기업심리지수 및 경제심리지수

전지적 투자자 시점 심리지표 • 145
시카고옵션거래소 변동성지수 | CNN 공포탐욕지수 | 뱅크오브아메리카 글로벌 매니저 설문 조사

Chapter 3
채권의 원리를 응용해서 주식에 투자하라

주주환원 정책을 펼치는 기업(feat. 쿠폰 이자) • 162
주식 투자를 하는 이유 | 주가 유지를 위한 최소한의 보답, 자사주 매입 | 주기적으로 지급하는 주식의 이자, 배당금

> **부록** 국내 자사주 보유 비중 순위
> 　　　　미국 상장 자사주 및 배당 관련 ETF
> 　　　　국내 및 미국 배당수익률 상위 10개사

원금을 지킨 다음 추가 수익을 노려라(feat. 만기 및 원금 보장) • 188
주식으로 바꿀 수 있는 채권, 전환사채 | 원금을 보호하며 추가 수익을 얻는 버퍼 전략

> **부록** 해외 전환사채 및 버퍼 ETF

미래의 잠재력에 베팅하는 성장주(feat. 듀레이션) • 202
베타 1을 초과하는 종목에 주목하라 | 미래 사업 기반의 고베타 종목 | 성장주의 대표주자 '테슬라'

> **부록** 코스피 고베타 기업 현황
> 　　　　S&P 500 고베타 기업 현황
> 　　　　미국 성장주 ETF 상위 10개사

인플레이션 시기에도 돈을 버는 기업 • 215
대표적 에너지 기업 '엑슨모빌' | 필수소비재를 생산하는 '농심'

　　부록　필수소비재 및 에너지 분야 주요 종목

저평가된 주식에 가치 투자하는 방법(feat. 하이일드 채권) • 227
주식 수익률은 PER의 역수 | PBR이 낮은 주식에 주목 | 추락천사와 라이징스타

　　부록　S&P 500 및 코스피 PER, PBR 하위 20개 기업
　　　　　가치주 ETF

개별 종목의 비체계적 위험을 제거하는 투자(feat. 크레디트 스프레드) • 247
체계적 위험과 비체계적 위험 | 포트폴리오 효과를 활용한 주가지수 | 지수를 추종하는 금융 상품, ETF

에필로그　채권과 주식의 시너지를 꿈꾸며_ 262

채권을 알면 주식이 보인다

chapter **1**

채권을 이해하면 투자시장의 흐름이 보인다

쿠폰 이자와 시장 금리의 차이

고등학교 2학년인 정혁이는 아빠처럼 금융시장에서 일하는 채권 매니저를 꿈꾼다. 그런데 TV와 신문에는 '삼성전자 주가 7만 원 사수'라느니, '테슬라, 로보택시 출시 앞두고 기대감에 주가 상승'이라느니 등의 주식과 관련한 뉴스가 대부분이다. 도대체 아빠가 사고팔았다는 채권이라는 것은 무엇이길래 뉴스에서 취급하는 횟수가 이렇게 적단 말인가?

자금을 조달하는 두 가지 방법

정혁: 아빠, 제 친구들은 온통 부모님이 삼성전자·테슬라·엔비디아 같은 '핫한' 주식을 사서 돈 벌었다고 엄청나게 자랑해요. 그리고 갖고

있는 주식의 양만큼 기업에 권리를 행사할 수 있대요. 주주가 되면 그 회사의 주인이 되는 거라나 뭐라나 하고 말이에요. 그런데 아빠가 자랑스러워하시는 채권 얘기는 뉴스에서 별로 본 적이 없어요. 도대체 채권이라는 게 뭐예요?

아빠: 정혁아, 삼성전자는 뭘 만들지?

정혁: 핸드폰도 만들고, TV도 만들고, 반도체도 만들죠?

아빠: 삼성전자가 그걸 만들려면 돈이 있어야겠지? 그런데 100퍼센트 자기 돈으로 만들까?

정혁: 그러기는 힘들지 않을까요? 요즘 같은 인공지능(AI) 시대에는 경쟁이 치열해서 돈 벌기가 예전만큼 쉬워 보이지 않아요.

아빠: 맞아. 그러면 외부에서 돈을 조달받아야 하는데, 두 가지 방법이 있어. 하나는 대출과 채권 발행 등으로 돈을 빌리는 차입의 형태, 다른 하나는 주식을 발행해서 그 주식을 산 사람에게 지분만큼 회사의 주인이 될 권리를 주는 자본의 형태!

청소년 경제신문 등을 통해서 경제 체력을 제법 갖춘 정혁이지만 아빠의 말에 머릿속이 점점 바빠진다.

정혁: 회사가 돈 꾸는 방법도 여러 가지가 있네요.

아빠: 우선 차입해 주는 사람과 주주를 구분해 볼까? 새별전자가 휴대폰 개발과 생산을 위한 연구소를 짓기로 했다고 가정해 보자. 연

구소를 지으려면 총 1,000억 원이 필요한데, 자기 돈 300억 원과 남의 돈 700억 원으로 짓고 싶어. 이때 돈을 빌려주는 사람에게 옵션을 줘.

정혁: 어떻게요?

아빠: 우선 '옵션 1'은 이렇단다. 회사가 돈을 조달해 준 사람에게 "설령 이 연구소가 지어지지 않는다고 해도 돈을 빌린 대가로 일정 금액을 지급하겠습니다. 그리고 언제까지 갚도록 하겠습니다. 만약 회사가 망하면 회사의 자산을 매각해서 빌려준 돈을 먼저 상환받을 수 있도록 하겠습니다"라고 하는 거야. 대신······.

정혁: 뭔가 조건이 있겠죠?

아빠: 자금 담당자는 이어서 이렇게 말하지. "회사의 가치가 올라가도 원금 이상은 드릴 수 없으며, 주요 경영과 관련한 사항을 결정할 권리는 드리지 않습니다"라고 말이야. 즉 회사는 빌린 돈에 일정 금액의 웃돈을 붙여서 만기에 최우선으로 갚겠다고 약속하지만, 원금 이상은 책임지지 않는 거야.

회사가 은행, 보험사 또는 증권사 창구에서 일대일로 만나 차입하면 대출이라고 해. 그리고 불특정 다수를 대상으로 돈을 조달하고, 그 차입 증서를 시장에서 자유롭게 거래할 수 있도록 만든 걸 채권이라고 해. 아빠는 바로 이 채권을 사고팔면서 돈을 벌었단다.

정혁이는 차입의 방법으로 돈을 조달하는 옵션 1을 이해했다. 그러면 나머지 옵션 2는 무엇일까?

정혁: 아빠, 남은 옵션은 어떤 거예요?
아빠: 다른 옵션을 선택한 자금 조달자에게 회사는 이렇게 이야기하지. "여러분이 주신 돈을 돌려드릴 방법은 없습니다. 하지만 그걸로 연구소를 짓고 물건을 생산해서 수익을 팍팍 내 보겠습니다. 회사의 가치가 상승하면 여러분은 이 증서를 가지고 주식시장에서 거래하며 수익을 올리십시오"라고 말이야. 여기서 증서는 주식이고, 이걸 보유한 자금 조달자를 주주라고 한단다. 그리고 말이야.

아빠가 물을 한 모금 들이켜고 말을 이어 간다.

아빠: 주주는 정기적인 모임을 통해서 회사의 주요 경영 사항을 결정할 수 있는 권리를 가져. 예를 들면 회사의 우두머리인 대표이사를 정하거나, 다른 회사와의 합병처럼 진짜로 중요한 사항을 결정하지. 이 모임을 '주주총회'라고 부른단다.
정혁: 이제 알겠어요. 자금 조달자는 옵션에 따라서 빌려준 돈을 웃돈 얹어서 안전하게 돌려받거나, 조달한 돈을 돌려받는 대신 회사 가치가 올라가면 그 이상의 돈을 벌 수 있는 거군요! 물론 두 번째 경우는 회사 가치가 떨어지면 돈을 잃을 수도 있지만요.

채권의 어원은 속박

정혁: 아빠, 그러면 채권 형태로 돈을 빌려준 사람들은 주가가 올라서 회사의 가치가 높아지면 배가 무진장 아프겠네요?

아빠: 세상에는 여러 종류의 사람이 있어. 재테크를 할 때도 아주 공격적인 사람이 있는 반면에 위험을 피하고 싶어 하는 사람이 있지. 위험을 짊어지더라도 주식이나 코인에 크게 투자하는 부류도 있지만, 수익금이 적더라도 원금을 지키고 싶은 사람도 있단다.

정혁: 아빠는 어떤데요? 내 돈부터 지켜야 한다는 주의?

아빠: 아빠의 마음은 짬뽕이란다.

아빠가 웃으면서 대답을 이어 나간다.

아빠: 하지만 채권을 가진 사람들은 주가가 떨어져도 돈을 빌려준 회사에 고정적으로 수익을 보장해 달라고 할 수 있지. 그리고 원금을 상환하는 날에 꼭 갚도록 회사에 의무를 씌우지.

정혁: 주가 상승에 따른 이익은 포기하지만 비가 오나 눈이 오나 주기적으로 똑같은 돈을 달라고 하는 거네요?

아빠: 맞아, 채권을 영어로 뭐라고 하지?

정혁: 본드 bond 아니에요?

아빠: 맞아. 본드의 어원은 게르만어에서 유래했는데, 원래 반다즈 bandaz

라는 단어에서 시작됐다고 해. '속박, 족쇄'라는 뜻이야. 본드는 중세 시대 때부터 썼고, 그 뜻 역시 '구속하거나 빠져나가지 못하게 하는 것'이래. 섬뜩하지?

정혁: 헉, 무섭네요. 돈을 빌리면 속박에서 빠져나오지 못한다는 거잖아요.

아빠: 그렇지. "원금 갚을 때까지는 절대 놔줄 수 없어" 컨셉이지. 그것 말고 채권을 부르는 또 하나의 별칭이 있어. 경제 리포트나 논문에는 이 용어를 주로 쓰는데 말이야. 힌트는 주기적으로 고정적인 수익을 준다는 거?

정혁: 고정은 픽스fix고 수익은 인컴income이니까, 픽스 인컴fix income?

아빠: 채권이 명사인데, 네가 말한 픽스 인컴의 뜻은 '수익을 고정하라'? 하하, 비슷했어. 채권을 부르는 또 다른 용어는 픽스드 인컴Fixed Income, 즉 '고정수익증권Fixed Income Securities'이라고 한단다.

채권 가격은 금리와 반비례

정혁: '고정수익'이라는 건 어떻게 정해요?

아빠: 우선 용어 정의부터 해야 하는데, 차입자인 회사가 채권 보유자에게 주는 고정수익을 '이자'라고 해. 또는 '쿠폰coupon'이라고도 하지.

정혁: 쿠폰이요? 뭐, 종이에 인쇄된 할인 쿠폰 같은 거 말이에요?

아빠: 지금은 채권이나 주식의 실물을 눈으로 볼 수가 없어. 왜냐하면 모

든 게 전산으로 이루어지니까. 그런데 옛날에는 채권이 종이 증서로 되어 있었거든. 채권을 보유한 사람, 즉 채권자가 채권 아래에 붙어 있는 여러 갈래의 종이를 뜯어서 돈을 빌려준 회사에 보여 주는 거야. 그러면 회사는 이 쿠폰의 대가로 둘 사이에 정한 이자를 주지.

실물 채권 양식

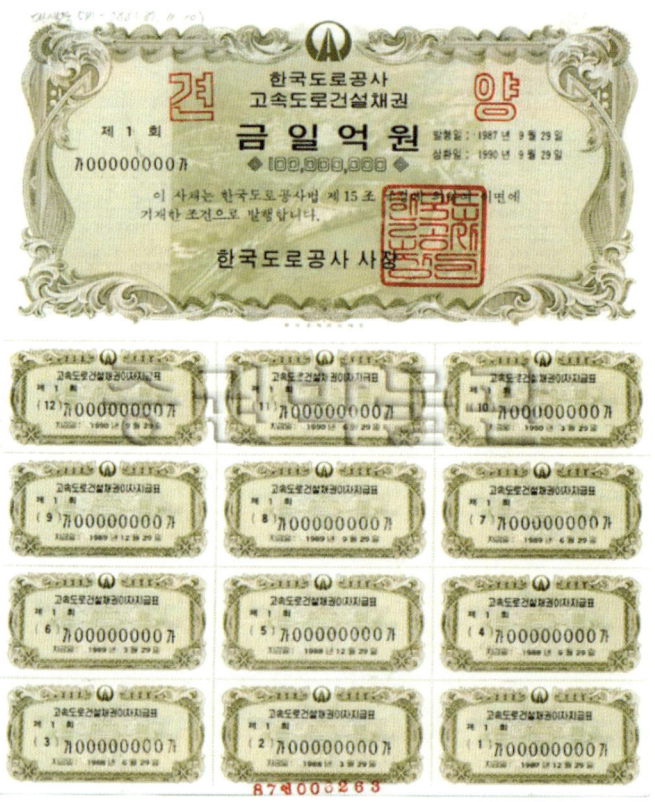

자료: 한국예탁결제원 증권박물관

정혁: 혹시 쿠폰을 뜯었는데 파손되거나 잃어버리면 이자를 못 받아요?

아빠: 그럴 수 있지, 하하. 그런데 지금은 전산 등록 형태로 발행하니까 문제없어.

정혁: 아빠, 그러면 쿠폰 이자는 어떻게 정해요?

아빠: 쿠폰 이자를 정할 때는 회사가 얼마를 빌릴 것인지(채권 발행 금액), 언제 갚을 것인지(만기), 회사의 상태가 얼마나 좋은지(신용등급), 그리고 무엇보다도 차입 시 비슷한 회사(신용등급 및 채권 만기가 유사한 회사)가 똑같은 조건으로 발행한 사례나 시장 금리를 보고 결정하지.

정혁: 금리요? 이거 경제 시간에 배웠는데… 선생님이 이자와 금리가 똑같은 거라고 설명하셨어요.

아빠: 어, 선생님 말씀이 대체로 맞긴 한데 미묘한 차이점은 있어. 금리의 한자 뜻을 살펴보면 금金은 돈을 말하고, 리利는 퍼센트를 말하거든. 즉 '돈에 붙는 퍼센트'라는 뜻이지. 이자는 '돈에 퍼센트를 곱한 거'고 말이야.

정혁: 저는 비유로 설명하면 잘 기억하는데, 어떻게 비유할 수 있을까요?

아빠: 금리는 물이 떨어지는 속도(%)고, 이자는 그걸 고려해서 실제로 모인 물의 양(금액)이지.

뭔가 생각난 정혁이가 아빠에게 질문한다.

정혁: 아빠, 금리는 매일매일 변하잖아요. 그런데 채권이 발행되면 채권자가 주기적으로 똑같은 금액의 수익을 받는다는 게 잘 이해되지 않아요.

아빠: 그게 아빠가 채권을 운용했던 가장 큰 이유야. 결론부터 말하면, 채권자가 받아야 할 쿠폰 이자는 변하지 않아. 대신 채권의 가격이 변한단다. 그래서 아빠는 채권 가격이 내려갈 때 사고 올라갈 때 파는 노력으로 이익을 얻는 거래를 많이 했지.

정혁: 코로나19 팬데믹 시기에 매일 술 드시면서 "아, 나 망했어. 채권 가격 똥 됐어"라고 하신 게 그것 때문인가요?

아빠: 내가 그랬어? 너 그때 초등학생이었는데… 기억나?

정혁: 그럼요, 제 18년 인생 동안 봤던 아빠의 모습 중에서 가장 힘든 모습이었어요.

아빠가 종이에 숫자를 써 가며 설명하기 시작한다.

아빠: 자, 새별전자가 10년 후에 돈을 갚기로 하고 100억 원의 채권을 발행한다고 가정해 보자. 아빠는 그중 10억 원어치를 사기로 했어. 즉 아빠가 새별전자의 채권자가 된 거야. 새별전자는 당시 시장에서 형성된 금리를 바탕으로 채권자에게 연 5퍼센트의 이자를 주기로 결정했어. 그런데 말이야.

아빠가 숫자 10을 적는다.

아빠: 다음 날 우리나라에 계엄이 터져서 시장 금리가 막 올라 버린 거야. 그래서 10퍼센트가 됐어.

정혁: 아빠, 잠깐만요! 계엄이 터졌는데 왜 시장 금리가 올라요? 주가처럼 시장 금리도 상황이 좋아야 오르는 거 아니에요?

아빠: 하하, 반대야. 계엄 이슈는 국제적으로 안 좋은 뉴스잖아. 대한민국은 경제와 민주주의 모두 성공한 몇 안 되는 국가라는 건 정혁이도 잘 알고 있지? 후진국에서나 일어날 수 있는 계엄이라는 사건이 경제 규모 세계 랭킹 10위를 오르락내리락하는 국가에서 일어날 일이냐고. 그래서 돈을 빌려주려는 은행이나 채권자들은 이렇게 이야기하지. "위험을 감수하고 빌려줄 돈의 수익률을 좀 올려야겠어!"라고 말이야.

여기서 수익률은 돈을 빌려주는 사람이나 투자자가 요구하는 최소한의 수익률을 말하는데, 이 수익률을 시장에서 형성하고 있는 금리 수준이라고도 하는 거야.

정혁: 그러면 위험이 커질수록 채권자가 요구하는 이자가 높아지겠네요?

아빠: 맞아, 수익률이 높아진다는 게 무슨 의미겠어? 아빠가 말했듯이, 채권은 채권자가 빌려준 금액만큼만 만기 때 받을 수 있어. 그렇다면 채권의 수익률을 높이기 위해서는 어떻게 해야 할까? 두 가지 방법이 있어.

정혁: 하나는 알겠어요. 쿠폰 이자를 높이는 방법이요.

아빠: 그렇지. 하지만 채권이 이미 발행되었다면? 발행을 취소하고 쿠폰 이자를 높이는 일은 내 성을 신 씨가 아닌 홍 씨로 바꾸는 것만큼이나 어렵단다.

정혁: 그러면 어떻게 채권자의 수익률을 높이죠?

아빠: 자, 앞서 말했던 새별전자의 예를 다시 살펴보자고. 아빠가 연 5퍼센트, 즉 연 5,000만 원(10억 원 × 5%)을 쿠폰 이자로 받기로 새별전자와 약속했는데 하루 만에 시장 금리가 10퍼센트 올랐다면? 이미 발행된 쿠폰 이자 5퍼센트의 채권으로 10퍼센트의 수익을 얻으려면, 이때 채권을 액면가보다 낮은 가격으로 사야 해. 그래야 투자원금 대비 쿠폰 이자보다 높은 수익률을 얻을 수 있단다.

채권은 유통시장이라는 곳에서 거래할 수 있어. 인간의 삶에 비유해 보면, 채권은 발행일에 태어나 유통시장에서 주로 삶을 영위하다가 상환하는 날에 천수를 다한단 말이지. 그래서 한국과 새별전자의 저력을 믿는 채권 투자자들은 유통시장에서 10퍼센트 수익률을 거둘 수 있는 싼 채권을 사는 거야.

그러면 지금 이야기한 두 가지 방법으로 5퍼센트짜리 채권이 10퍼센트짜리 채권으로 변하는 과정을 한번 정리해 볼까?

아빠가 구체적으로 표를 그리면서 다시 설명한다.

10% 수익률 만드는 방법
(10년 동안 10억 원 수익 만들기, 시간가치 고려 안 함)

첫 번째 방법: 발행할 때 쿠폰 이자를 10%로 재설정

[단위: 원]

원금	1년	2년	3년	4년	5년	6년	7년	8년	9년	10년	계
-10억	1억	1억	1억	1억	1억	1억	1억	1억	1억	11억	10억

두 번째 방법: 발행 당시 쿠폰 이자 5%, 다음 날 계엄으로 시장 금리 10%로 상승

[단위: 원]

원금	1년	2년	3년	4년	5년	6년	7년	8년	9년	10년	계
-5억	0.5억	0.5억	0.5억	0.5억	0.5억	0.5억	0.5억	0.5억	0.5억	10.5억	10억

아빠: 새별전자가 채권을 발행할 때는 금리가 낮아서 적은 이자 비용으로 돈을 빌릴 수 있었어. 이렇게 발행한 채권의 이자율은 바꿀 수 없어. 채권을 발행할 때 서로 합의해서 약속된 쿠폰이기 때문이야. 그런데 시장 금리가 오르면 이미 발행한 채권의 가치는 떨어져. 금리가 올랐을 때 새로 발행되는 채권은 더 높은 이자를 주니까, 예전 채권은 인기가 없어지거든.

예를 들어서 아빠가 발행 당시 연 5퍼센트 이자를 주는 채권을 갖고 있었는데, 시장 금리가 갑자기 10퍼센트로 뛰었다고 해 보자. 전에는 10억 원을 주고 사야 했던 채권을 이제는 5억 원만 주고 살 수 있게 된 거야. 이렇게 채권은 금리가 오르면 값은 내려가고, 금리가 내리면 값은 올라간단다.

정혁: 에이, 그거 물타기 아니에요?

부자는 한바탕 웃는다.

고정금리 쿠폰과 변동금리 쿠폰

정혁이가 다시 정색하며 묻는다.

정혁: 그런데 아빠, 쿠폰 이자를 항상 고정으로 주면 시장 금리가 올랐을 때 미리 투자했던 사람들은 손해 아닌가요?

아빠: 맞아. 역시 내 아들은 뭔가 달라도 다르다니까? 채권을 고정수익증권이라고 부르긴 하지만, 돈 갚을 날이 길어지면 길어질수록 고정수익을 받는 채권자들은 손해가 날 수 있잖아? 그래서 차입자는 채권자에게 쿠폰 이자를 선택할 수 있는 옵션 하나를 주게 돼.

정혁: 그게 가능해요? 채권은 한 번 발행하면 호떡 뒤집듯이 뒤집을 수 없다면서요?

아빠: 채권 발행 자체를 변경하는 게 아니라 쿠폰 이자의 이율을 변동금리 형태로 정하는 거지.

정혁: 어떻게요?

아빠: 새별전자가 10년 후에 원금을 갚아야 하는 채권을 발행한다고 해

보자. 쿠폰 이자로 매년 원금의 5퍼센트를 주기로 약속하는 대신, 3개월마다 쿠폰 이자율을 리픽싱refixing 해서 주겠다고 하는 거야.

정혁: 리픽싱이면 '다시 고정한다'는 의미인데, 그래서 이자를 어떻게 준다는 거예요?

아빠: 이를테면 주택담보대출 변동금리로 주로 쓰이는 준거 금리에 가산금리를 붙여서 이자를 주는 거지. 여기서 준거 금리는 대출금리의 기준이 되는 중심 금리를 뜻해. 예를 들면, 코픽스COFIX, Cost of Funds Index(자금조달비용지수)가 있지.

새별전자가 '코픽스 1년 금리+2.3퍼센트'로 채권을 발행하기로 했다고 가정해 보자. 현재 코픽스 1년 만기 금리가 2.7퍼센트라면, 쿠폰 이자로 처음에는 원금의 5퍼센트(2.7%+2.3%)를 받는 거야. 그런데 1년 후 계엄령의 여파로 코픽스 1년 만기 금리가 5퍼센트가 되었다면, 7.3퍼센트(5%+2.3%)의 쿠폰 이자율을 적용받는 거란다.

정혁: 아하, 그렇다면 금리가 상승할 때는 변동금리 쿠폰이 유리하겠네요. 물론…….

아빠: 물론 반대로 금리가 떨어지면 변동금리 쿠폰을 가진 채권자는 이자를 덜 받게 되니까 그만큼 손해겠지? 하하.

- 기업이 자금을 조달하는 방법에는 부채와 자본이 있다.
- 부채는 타인에게 돈을 빌리는 대가로 일정한 금액의 이자를 주기적으로 지급하고 만기에 원금을 갚기로 한 상호 약속을 의미한다.
- 자본은 타인에게 돈을 조달받는 대가로 기업(또는 개인사업)의 지분을 제공하고 경영에 참여할 수 있는(또는 이익 발생 시 배당 우선권을 부여하는) 권리를 부여한다.
- 채권은 부채의 한 종류로, 발행자가 투자자에게 돈을 빌리는 대가로 정해진 이자를 주기적으로 지급하고 만기에 원금 상환을 약속하는 유가증권을 의미한다.
- 주식은 대표적인 자본 조달 수단으로, 투자자가 주식을 소유함으로써 기업의 지분을 보유하고 경영에 참여할 권리와 이익 발생 시 배당받을 권리를 갖게 되는 유가증권을 의미한다.
- 채권에서의 이자를 쿠폰이라고 하며, 금리는 원금에 붙는 비율을 의미한다.
- 금리는 물이 떨어지는 속도, 이자는 물이 떨어져서 모인 양으로 비유할 수 있다.
- 고정금리 채권은 쿠폰 이자가 이미 정해져 있어서 금리가 상승해도 채권 가격이 하락한다.
- 변동금리 채권의 쿠폰 이자는 주기적으로 시장 금리에 따라 재조정된다.

채권의 수명과 원금 보장의 의미

쿠폰 이자와 금리에 대한 아빠의 명쾌한 설명 덕분에 정혁이는 채권 매니저라는 직업을 조금이나마 이해할 수 있었다. 그런데 아빠가 설명한 내용 중 채권은 자체의 수명을 가지고 있다는 점과 빌린 돈은 지정된 날에 반드시 갚아야 한다는 부분을 좀 더 깊이 알고 싶다.

채권은 수명이 있는 증권

정혁: 아빠, 대출이나 채권은 자신만의 수명이 있다고 하셨잖아요. 그러면 언젠가는 사람이 죽는 것처럼 사라지나요?

아빠: 맞아. 돈을 빌린 회사와 돈을 빌려준 사람이 빌린 돈을 언제까지

갚을지 미리 합의를 보는데, 이걸 채권 만기라고 한단다.

정혁: 따로 만기가 몇 년이라고 정해져 있는 게 아니네요?

아빠: 그래. 하지만 회사가 대단히 마음에 드는 것도 아닌데 "돈은 10년 후에 갚아도 될까?"라고 하면, 돈을 빌려주려는 사람은 둘 중 하나를 선택하지 않을까?

정혁: 둘 중 하나요?

아빠: 언제 망할지 모르니까 만기를 앞으로 당겨서 1년 후에 돈을 갚게 하든가, 아니면 쿠폰 금리를 올려서 수익률을 높이든가 하는 거지.

정혁: 만약 회사가 둘 다 거절하면요?

아빠: 그러면 돈을 안 빌려주면 돼.

정혁: 아, 돈이 급하면 채권자의 요구를 들어줄 수밖에 없겠네요.

아빠: 회사로서는 당연히 상환 날을 최대한 뒤로 미뤄야 돈 갚으라는 채권자들의 등쌀을 피할 수 있지만, 길게는 못 기다리겠다고 하면 상환 일자가 1년 이내라도 빌려야 하지 않겠어?

아빠가 말을 계속 이어 간다.

아빠: 일찍 죽으면 단명, 오래 살면 장수라고 하잖아. 채권도 마찬가지란다. 만기에 따라 3년 안에 돈을 갚아야 하면 '단기채', 3년에서 5년 사이는 '중기채', 그리고 5년 초과 만기를 지닌 채권은 '장기채'라고 분류하지.

만기에 따른 금리 차이, 텀 프리미엄

정혁: 아빠, 왠지 만기가 길어지면 돈 빌려준 사람들이 '내 돈 진짜 다 받을 수 있을까?' 하고 불안해할 거 같아요.

아빠: 정답이야. 그러면 돈을 빌리는 회사는 불안을 해소하기 위해서 어떻게 할까?

곰곰이 생각하던 정혁은 이렇게 대답한다.

정혁: "이자 많이 줄게. 돈 좀 빌려줘"라고 하지 않을까요?

아빠: 하하, 정혁이가 벌써 경제 원리를 다 파악하고 있구먼. 맞아. 만기가 길어진다는 건 빌려준 돈의 상환 여부에 관한 불확실성이 커진다는 의미란다. 그래서 만기가 길어지면 돈을 빌려준 사람들은 회사에 높은 쿠폰 이자를 요구하게 돼. 반면에 만기가 짧으면 빨리 원금을 회수할 수 있으니까, 불확실성이 줄어들고 회사에 요구할 쿠폰 이자가 낮아지는 거지.

정혁: 그럴 거 같았어요. 그러면 만기가 길어질수록 회사가 지급해야 할 이자가 높아지는 게 일반적인가요?

아빠가 그래프를 그리며 설명한다.

아빠: 만기를 가로축, 금리를 세로축으로 설정하면 우상향하는 곡선을 그릴 수 있어. 이걸 전문 용어로 텀 스트럭처Term Structure(만기 구조), 즉 '만기에 따른 이자율 구조(또는 만기별 이자율 곡선)'라고 해. '우상향한다'는 건 만기가 길어질수록 이자율이 높아진다는 뜻인데, 동일한 회사가 발행한 만기가 긴 채권과 짧은 채권의 금리 차이를 텀 프리미엄Term Premium이라고 해.

텀 스트럭처

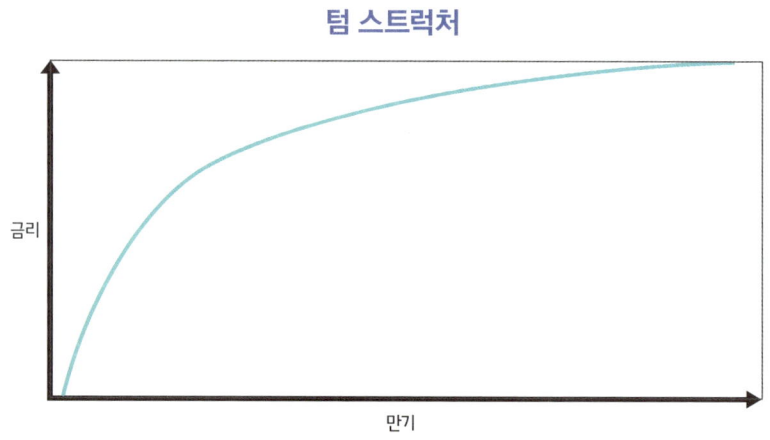

자료: WallStreetMojo

38 채권을 알면 주식이 보인다

콜옵션과 풋옵션

정혁: 아빠, 회사가 돈을 빌릴 때는 최대한 늦게 갚으려고 하겠죠? 하지만 이자 비용에 대한 부담 때문에 돈이 생기면 빨리 갚고 싶을 것 같기도 해요.

아빠: 그렇지. 여기에서 회사의 고민이 시작돼. 돈을 빌리면 최대한 늦게 갚고 싶지만, 지급해야 할 이자 금액이 높아져서 이익이 차감된단 말이야. 반면에 상환 날짜가 너무 이르면, 이자 금액은 좀 아껴도 돈을 빨리 갚아야 한다는 부담이 있지.

정혁: 제가 회사 측이라면 돈이 생겼을 때 바로 갚고 싶을 것 같아요. 그리고 돈을 빌려준 사람도 생각이 바뀌어서 빨리 돌려달라고 할 수 있잖아요. 사람의 심리가 그렇지 않나요?

아빠: 그래서 채권을 발행할 때 만기를 정하면서 별도로 발행자와 채권자에게 각각 또는 동시에 빨리 갚을 권리와 빨리 회수할 권리를 줘. 발행자에게 빨리 돈을 갚을 권리를 주는 것이 콜옵션Call Option이고, 채권자에게 만기보다 먼저 돈을 갚으라고 요구할 권리를 주는 것이 풋옵션Put Option이야.

정혁: 콜옵션과 풋옵션! 이게 있으면 돈을 빨리 갚고 싶은 회사와 빨리 회수하고 싶은 채권자를 동시에 만족시킬 수 있겠네요?

아빠: 그런데 말이야, 진짜 급이 떨어지는 회사가 아니라면 대부분 풋옵션을 붙이지 않고 채권을 발행해. 회사는 자기에게 유리한 조항들을

넣어서 채권을 발행하는 경향이 있거든. 그래서 보통 콜옵션을 붙여서 발행하는데, 사실 콜옵션을 행사해서 돈을 갚을지 아닐지는 회사가 결정할 문제잖아. 하지만 채권자들은 회사가 제때 콜옵션을 행사하지 않으면 "쟤들 지금 돈 없어서 안 갚는 거 아냐?" 이런 시그널로 읽어. 그러면서 채권을 싼값에 팔아 버려. 회사가 돈을 못 갚을 수도 있다는 불안감에 말이야. 그러면 채권 가격이 폭락의 폭락을 겪게 된단다.

참고 기사

흥국생명발(發) 발행시장 쇼크가 좀처럼 진정되지 않고 있다.

흥국생명이 다음 주 예정된 외화 신종자본증권의 콜옵션을 행사하지 않기로 하면서 흥국생명은 물론 비슷한 상황에 놓인 한화생명까지 채권 투자자들 사이에서 투매 현상이 짙어지는 모습이다.

시장에선 지난 2009년 우리은행의 후순위채 콜옵션 미상환 사태를 떠올리고 있다. 글로벌 시장에서 한국물 전반에 대한 투심이 악화하며 당분간 조달이 더욱 어려워지리란 우려도 확산하고 있다.

2일 투자은행(IB) 업계에 따르면 흥국생명은 이달 9일로 예정된 5억 달러 규모의 외화 신종자본증권 콜옵션을 행사하지 않기로 했다.

지난 2017년 11월 재무 건전성을 선제로 보강하고자 4.475%의 금리로 발행한 신종자본증권에는 5년 뒤 콜옵션 상환 조건이 포함됐다. 하지만 변동성이 커진 국내외 매크로 환경과 갑작스러운 기준금리 변화 등을 이유로 조기 상환을 하지 않기로 했다.

정지서·피혜림, 「[흥국생명 콜옵션 미행사] '13년 만의 데자뷔'…평판 리스크 커졌다」 (연합인포맥스, 2022. 11. 2.)

원금 보장의 의미

정혁: 채권자는 비가 오나 눈이 오나 주기적으로 이자를 받을 수 있고 회사가 망했을 때도 자산을 팔아서 나온 돈을 먼저 찜할 수 있지만, 빌려준 원금 이상은 못 받는다고 하셨잖아요. 그러면 회사가 채권자에게 "만기에 원금은 꼭 갚을게"라고 하면, 무슨 일이 있어도 원금을 받을 수 있나요?

아빠: 그렇지. 하늘이 두 쪽 나더라도 빌린 돈을 반드시 갚겠다고 약속한 증서가 채권이야. 만약 회사가 망하면 정혁이 네가 말한 대로 자산을 팔아서라도 채권자에게 돈을 갚아야 해.

정혁: 그런데 만기까지 기다려도 원금만 보장된다니 너무 재미없지 않나요? 지금 보니 채권 매니저는 제 스타일이 아닌 것 같아요.

아빠: 채권자는 보통 만기까지 이자와 원금(이자 × 만기 + 원금)을 받을 거로 기대하지. 그런데 채권은 유통시장에서 거래할 수 있어. 만기가 아직 많이 남은 채권을 팔아서 미리 원금에 가까운 돈을 회수하려는

사람과 그 채권을 사고 싶어 하는 사람이 시장 금리에 의해 정해진 채권 가격으로 거래를 할 수 있지. 이때 원금만큼 회수할 수 있을지는 시장 금리에 따라 결정된단다.

정혁이는 아빠가 예로 들었던 새별전자 10년 만기 5퍼센트 쿠폰 채권의 사례를 상기한다.

정혁: 계엄 때문에 시장 금리가 10퍼센트로 확 뛰어서 10억 원짜리 새별전자 채권의 가치가 5억 원으로 반토막이 났을 때 거래하면 완전 손해겠네요.

아빠: 맞아. 반면에 우리나라 자본시장이 투명해졌다고 판단한 외국인들의 한국 기업 채권 수요가 증가하면, 높은 수요 때문에 시장 금리는 떨어진단다. 새별전자 채권의 수익률이 5퍼센트에서 4퍼센트로 하락하면, 시간가치를 고려하지 않은 새별전자 5퍼센트 쿠폰 채권의 원금 가치는 증가하겠지?

4% 수익률로 떨어졌을 때 원금은?
(10년 동안 4억 원 수익 만들기: 시간가치 고려 안 함)

원금	1년	2년	3년	4년	5년	6년	7년	8년	9년	10년	계
-11억	0.5억	0.5억	0.5억	0.5억	0.5억	0.5억	0.5억	0.5억	0.5억	10.5억	4억

정혁: 만약 5퍼센트에서 4퍼센트로 시장 금리가 하락하면 아빠가 유통시장에서 팔았을 때 얻을 수 있는 이익은 원금보다 1억 원이 많은 11억 원이네요?

아빠: 그게 바로 아빠가 채권 운용에 매력을 느끼고 매니저로 오래 일했던 이유이기도 하지.

참고 기사

6.3 대선을 앞두고 장기 금리가 빠르게 뛰고 있다. 경기 부양을 위한 추가경정 예산 확대, 재정정책 확대 등으로 적자국채 발행에 대한 경계감이 커지면서 채권금리를 밀어올리고 있다. 다만, 이러한 채권금리도 조만간 고점을 찍을 것이란 전망도 만만치 않다.

■ 빠르게 뛰는 장기물, 8월 고점 전망

(중략)

그러나 채권금리가 조만간 고점을 찍을 것이란 전망에 무게가 실린다. 채권 가격 측면에서는 저점이기 때문에 채권 개미들에게는 '매수' 기회라는 의미이기도 하다. 임재균 KB증권 연구원은 "한국은행은 예상보다 빠르게 기준금리를 빠르게 인하했다"면서 "경제에 대한 우려는 바닥을 지나고 있는 것으로 판단한다"고 말했다.

이어 "한은은 3·4분기 기준금리 동결 이후 4·4분기 인하, 그리고 내년 상반기 추가 인하를 단행할 것으로 보인다"면서 "최종 기준금리는 연 2.0% 수준이 될 것"이라고 전망했다. 이어 "2차 추경의 편성, 8월 말에 발표되는 2026년 예산안을 고려하면 채권금리의 고점은 8월 전후가 될 것"이라고 전망했다. 그는 10년물 금리의 경우 연 2.85% 수준에서 매수할 만하다고 제안했다.

■ 채권 개미, 회사채 쇼핑 저울질

기준금리 인하에 국고채 금리도 하향됨에 따라 금리 메리트가 있는 회사채가 인기를 끌 것이란 관측도 나온다. 특히 싱글 A급 회사채에 매수 강도가 세질 것이란 전망이다. 공급이 적은데다 매수하려는 기관투자자금이 확대될 가능성이 높아서다. 실제 지난 4월 금융위원회가 발표한 '증권업 기업금융 경쟁력 제고방안'에 따르면 금융위가 정의하는 모험자본 공급에는 중소 및 중견기업에 대한 자금공급, 주식투자, A등급 이하 채무증권 등이 해당된다.

(이하 생략)

김현정, 「대선 後" 채권 개미, 8월 매수 시점 노리나」 (파이낸셜뉴스, 2025. 6. 2.)

- 채권은 태어나서(발행) 살아가다(유통) 마침내 생을 다하는(만기 상환), 일생의 과정을 지닌 금융 상품이다.
- 채권은 잔존 만기에 따라 단기채(3년 미만), 중기채(3~5년), 장기채(5년 초과)로 나뉜다.
- 텀 프리미엄이란 동일 회사가 발행한 장기채와 단기채 간 금리 차이를 말하며, 일반적으로 장기채의 금리가 단기채의 금리보다 높다.
- 콜옵션은 채권 발행사가 만기 이전에 사전에 정해진 날짜에 원리금을 상환할 수 있는 권리를 말하며, 풋옵션은 채권 보유자가 만기 이전에 사전에 정해진 날짜에 원리금 상환을 발행사에 요구할 수 있는 권리를 말한다.
- 채권에서 원금 보장의 의미는 발행사가 부도 없이 만기까지 존재하여 상환 능력이 있을 때 보유자에게 원금을 갚아야 할 의무가 있음을 의미한다.
- 채권을 중도에 유통시장 등에서 매도할 때, 시장 금리에 따라 원금보다 낮은 금액을 회수할 수도 있다.

듀레이션은
실질 만기이자 금리 민감도

청소년 경제 전문 유튜브 〈10대부터 부자가 될 수 있어요〉에 나온 오늘의 금융 용어 '듀레이션duration'은 영어라서 그런지 정혁이에게 어려운 개념으로 느껴진다. 듀레이션이 높을수록 채권 가격 변동이 높다는 것만 외운 채, 아빠가 퇴근하기만을 기다린다.

빌려준 원금만큼 이자로 회수되는 실질 만기

정혁: 아빠, 오늘의 금융 용어로 듀레이션이라는 단어가 나왔어요. 그런데 듀레이션이 높으면 채권 가격 변동이 높다고만 하고 자세한 설명이 없어서 궁금해요.

아빠: 아빠가 회사 동료들에게 듀레이션을 설명할 때 이렇게 말하곤 한단다. '실질 만기'라 불리는 '금리 민감도'라고 말이야.

정혁: 만기면 만기지, 실질 만기는 뭐예요?

아빠: 만기가 뭐지? 돈을 빌린 사람에게는 원금을 갚아야 할 날짜를 의미하고, 반대로 돈을 빌려준 사람에게는 원금을 받는 날이잖아? 그런데 이 만기의 의미가 양측이 다르단다.

정혁: 만기의 의미가 다르다고요?

정혁이가 고개를 갸우뚱하면서 반문한다.

아빠: 돈을 빌려준 사람 입장에서는 빌려준 돈만큼 회수하면 적어도 손해는 안 보는 거잖아?

정혁: 그렇죠. 100만 원을 빌려줬는데 100만 원을 돌려받으면 손해는 안 보는 거죠.

아빠: 그런데 돈을 빌리면 대가로 뭘 주지?

정혁: 이자요.

아빠: 맞아. 돈을 빌려준 사람은 매월 혹은 분기나 반기 등 주기마다 이자를 받는데, 따박따박 받다 보면 결국 빌려준 원금만큼 받을 수 있잖아?

아빠가 물을 한 컵 들이켜고 이어서 말한다.

아빠: 예를 들면 만기 50년, 원금 1억 원, 이자는 연 납부 기준으로 10퍼센트라고 해 보자. A라는 사람이 이 조건대로 돈을 빌리면, 그는 매년 1,000만 원씩 이자를 주면서 50년 후에 원금 1억 원을 갚으면 돼. 과연 그때까지 살아 있을지 모르겠다만.

그런데 돈을 빌려준 B가 매년 1,000만 원씩 이자를 받으면 어떻게 될까? 결국 10년 후에 액면가 기준으로 1억 원이라는 원금을 회수한 셈이잖아.

정혁: 그러네요! 그러면 돈을 빌려준 사람 입장에서 원금과 같은 금액을 100퍼센트 회수할 때까지의 시간을 실질 만기라고 하는 건가요? '실제 내 돈을 다 찾았다'라는 의미에서?

아빠: 빙고. 그런데 이 채무의 실질 만기가 꼭 10년이라고 할 수는 없어. 왜냐하면 모든 미래의 돈의 흐름은 현재 시점으로 할인해야 하기 때문이야.

시점에 따라 달라지는 돈의 가치

정혁: 그게 무슨 말씀이에요?

아빠: 예를 들어 보자. 정혁이 네가 대학 입학까지 얼마나 남았지?

정혁: 2027년 3월에 입학한다고 치면, 1년 6개월 남았어요.

아빠: 아빠가 정혁이 대학 입학일에 100만 원을 주기로 약속하마. 그런데 아빠는 정혁이가 당연히 고등학교 졸업과 동시에 100만 원을 받을 것으로 확신하지만, 인생은 또 알 수 없잖니?

정혁: 에이, 왜 그러세요. 저는 재수, 삼수 생각해 본 적 없어요. 아빠는 재수하셨죠?

아빠: 그래, 재수해서 개고생했어. 아빠도 정혁이가 사수 이상은 안 할 거로 확신한다. 그래서 아빠는 정혁이 대학 가는 시기에 맞춰서 100만 원을 찾을 수 있도록 예금 만기가 각각 1.5년, 2.5년 그리고 3.5년에 걸친 상품에 가입할 거야. 이자율은 동일하게 10퍼센트라고 하자. 그러면 아빠가 각각 가입해야 할 금액은 얼마나 될까?

정혁: …….

정혁이의 무응답에 아빠가 펜으로 식을 써 내려간다.

$$1.5년 만기: 가입 금액 \times (1+0.1)^{1.5} = 1{,}000{,}000원$$
$$2.5년 만기: 가입 금액 \times (1+0.1)^{2.5} = 1{,}000{,}000원$$
$$3.5년 만기: 가입 금액 \times (1+0.1)^{3.5} = 1{,}000{,}000원$$

아빠: 예금은 복리야. 복리 알지? 워런 버핏 할아버지가 이야기한 내용?

정혁: 스노우볼이요?

아빠: 그래, 맞아. 내가 얻은 수익을 그대로 재투자하면, 그 수익이 눈

덩이처럼 불어난다는 이론 말이야. 그래서 아빠는 예금에서 나온 이자를 그대로 재투자하기로 했단다. 그렇다면 가입 금액은 각각 얼마나 될까?

정혁이가 초등학교 때 배운 주산 실력으로 열심히 손가락을 놀려 본다.

정혁: 결국 100만 원을 1.1의 승수로 나눠야 하는 거잖아요. 제가 암산으로 풀어 볼게요.

잠시 후 정혁이가 펜으로 각 만기별 가입 금액을 적는다.

1.5년 만기: 가입 금액 = $1,000,000 / (1+0.1)^{1.5}$ = 866,784원

2.5년 만기: 가입 금액 = $1,000,000 / (1+0.1)^{2.5}$ = 787,986원

3.5년 만기: 가입 금액 = $1,000,000 / (1+0.1)^{3.5}$ = 716,351원

아빠: 정혁이 암산 실력 녹슬지 않았네. 맞아, 현재 이자율이 10퍼센트라고 가정했을 때 만기별 예금 가입 금액이 서로 달라. 이걸 다르게 해석하면, 1.5년 후에 아빠가 정혁이에게 용돈을 주기 위해 찾게 될 100만 원의 현재 가치는 약 87만 원인 셈이란다. 만약 네가 삼수해서 대학에 합격한다면 3.5년 후 찾을 100만 원의 현재 가치

는 약 72만 원이라는 거야. 여기에서 두 가지를 알 수 있는데, 그게 뭘까?

정혁이가 머리를 잠시 갸웃거리다가 대답한다.

정혁: 음, 우선 같은 100만 원이라도 언제 찾느냐에 따라 현재 시점 기준 돈의 가치가 달라진다는 점이요.

아빠: 빙고! 참고로 아빠가 은행에 가입한 예금 상품에 적용되는 10퍼센트는 예금 금리, 또는 요구수익률이라고 해. 만기에 찾는 100만 원을 현재 시점에서의 가치로 계산하기 위해 나누게 되는 금리를 시장할인율이라고 하고. 결국 같은 대상을 다르게 부르는 거지. 그리고 또 깨달은 거 없어?

정혁: 글쎄요. 모르겠는데요?

아빠: 우리 채권 가격에서 배웠는데, 금리와 채권 가격이 반대라는 것 말이야.

정혁: 아, 맞다. 대학 들어가는 시기가 늦을수록 제가 받을 100만 원의 현재 가치가 떨어진다는 사실이죠?

아빠: 맞아. 그래서 네가 고등학교 졸업과 동시에 좋은 대학에 합격해서 입학하는 것이 아빠에게는 가장 큰 낙이란다.

실질 만기가 길수록 높아지는 금리 민감도

정혁: 제가 받을 상금의 가치를 최대한 지키려면 반드시 대학에 빨리 합격해야겠어요. 열심히 공부하겠습니다!

아빠가 웃음을 지으며 대화를 이어 간다.

아빠: 정혁아, 그런데 만약에 은행에서 배가 불러서 예금 금리를 10퍼센트에서 5퍼센트로 낮추면 어떤 일이 벌어질까? 아빠는 그대로 만기마다 100만 원을 찾아야 하는데 말이야.

주산으로 다져진 계산 실력을 지닌 정혁이는 바로 대답한다.

정혁: 예금 금리가 떨어지면 가입 금액이 그만큼 높아져야 하는 거 아닌가요?

아빠: 맞아, 그런데 만기마다 높아지는 가입 금액의 폭이 좀 달라지지 않을까?

정혁이는 예금 금리를 5퍼센트로 바꾼 후 만기별 가입 금액을 계산해 본다. 결과는 다음과 같다.

1.5년 만기: 가입 금액 = 1,000,000 / (1+0.05)$^{1.5}$ = 929,429원

2.5년 만기: 가입 금액 = 1,000,000 / (1+0.05)$^{2.5}$ = 885,170원

3.5년 만기: 가입 금액 = 1,000,000 / (1+0.05)$^{3.5}$ = 843,019원

아빠: 그러면 정혁아, 10퍼센트일 때 가입 금액과 5퍼센트일 때 가입 금액의 차이를 구해 볼래?

아빠의 요청에 정혁이가 착착 차이를 써 내려간다.

1.5년 만기: 929,429원 - 866,784원 = 62,644원

2.5년 만기: 885,170원 - 787,986원 = 97,185원

3.5년 만기: 843,019원 - 716,351원 = 126,669원

정혁: 어, 가입 금액 차이가 상당한데요? 금리가 내려가니까 가입 기간이 길수록 가입 금액이 늘어나네요?

아빠: 단순한 사칙연산인데도 의미하는 바가 있지? 여기서 가입 기간과 실질 만기는 똑같은 의미야. 왜냐하면 아빠가 실제 투자한 원금을 회수하는 날이니까 말이야. 실질 만기가 길수록 투자자는 원금을 찾는 그날까지 어떨까?

정혁: 불안해 죽죠. '돈 떼여 먹지 않을까' 하는 생각에 말이에요.

아빠가 정혁이의 머리를 쓰다듬으며 대답한다.

아빠: 그렇지. 실질 만기가 긴 예금 상품에 가입했을 때, 예금 금리 또는 시장할인율이 변해서 받아야 할 원금의 현재 시점 가치가 바뀌면 아빠 마음은 어떨 것 같아?

정혁이가 아빠 특유의 양미간을 찌푸리는 표정을 따라 하며 대답한다.

정혁: 만약 금리가 떨어지면 '아싸, 나의 선견지명으로 예금 잘 들었지?'라고 좋아하실 거고, 금리가 올라가면 '에이씨, 조금만 있다가 예금 가입할걸!'이라고 신경질 내셨을 거 같은데요?

아빠: 하하, 이놈 아빠 성대모사부터 표정까지 잘 따라 하네? 맞아, 실질 만기가 길수록 금리 변화에 따라 아빠의 마음도 불안해지겠지. 3.5년 후에야 100만 원을 찾는 상황에서 지금 10퍼센트의 예금 금리를 엄청 만족해하고 있었는데, 갑자기 금리가 20퍼센트로 올라 버리면 아빠는 10퍼센트 상승분만큼 손해를 본 거 같은 생각이 들어서 마음이 찢어질 거야. 실질 만기가 길수록 금리에 대한 아빠의 민감도가 높아지겠지?

정혁: 네, 아빠. 상상만으로도 되게 일희일비하시는 거 같아요. 하하.

잠시 안 좋은 상상을 했는지 아빠의 미간이 세로로 파여 있다.

아빠: 그래서 듀레이션은 실질 만기라고 불리고, 금리 민감도라고 쓰이는 거란다.

듀레이션이 긴 채권과 짧은 채권의 가격 변동 추이

아빠: 정혁아, 노트북에서 엑셀 한번 열어 볼래?
정혁: 네, 잠시만요.

정혁이가 노트북을 가져와서 엑셀 프로그램을 열자, 아빠가 함수식을 만들기 시작한다.

아빠: 현재 시장할인율(또는 수익률)별 채권 가격을 계산하고, 이걸 그래프로 그려 보자.

아빠가 1~16퍼센트까지 1퍼센트 단위로 금리 변화를 주었을 때 쿠폰 이자로 연 10퍼센트를 지급하는 2년 및 30년 만기 채권의 가격 변동을 나타내는 그래프를 그린다.

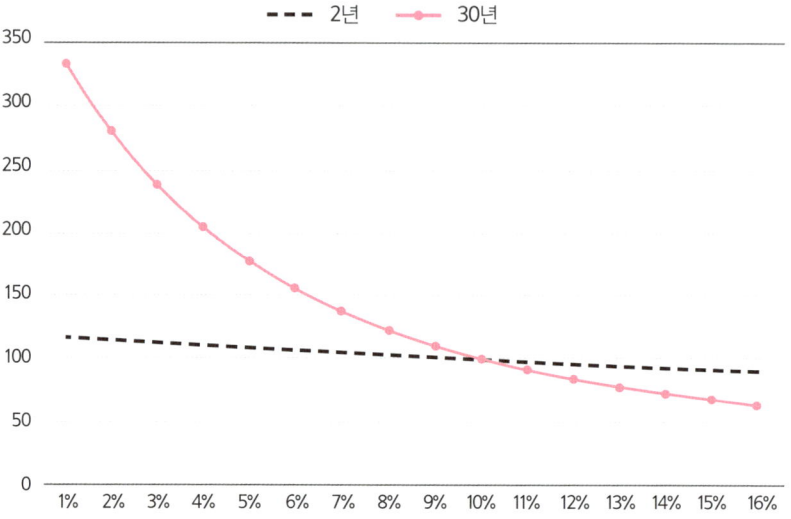

정혁: 내 돈을 찾기까지 시간이 오래 걸릴수록 금리 변화에 따른 가격 변동이 엄청나네요.

정혁이가 듀레이션의 위력을 새삼 실감한다.

아빠: 한마디로 정리하면, 듀레이션이 길수록 내 돈 찾을 확률이 낮아져서 외부에서 조금이라도 변화가 있으면 움찔움찔하며 민감해한다는 사실, 잊지 마!

- 듀레이션은 빌려준 돈을 회수하는 기간을 의미하므로, 실질 만기라고 불린다.
- 회수하는 이자 및 원금은 현재 시점의 가치로 환산한다. 이때 사용하는 할인율은 사용 목적에 따라 시장할인율, 시장 금리, 시장수익률, 금리 등으로 불린다.
- 듀레이션은 금리 민감도라고 쓴다. 듀레이션이 길수록 금리 변화에 따른 채권 가격의 변동이 크다.

인플레이션이 채권에 미치는 영향

"정혁아, 엄마는 오늘 늦는다니까 우리끼리 먼저 저녁 먹어야 할 거 같아. 오랜만에 뭐 시켜 먹을까?"

"아빠, 전 간짜장이요."

아빠가 간짜장 한 그릇, 짬뽕 한 그릇을 주문한다.

"정혁아, 간짜장이 얼마인 줄 알아? 이게 1만 원이 넘네. 농사지어서 직접 끼니를 해결해야 할 정도야."

물가 상승의 의미

정혁: 아빠 고등학교 때는 짜장면이 얼마 정도 했는데요?

아빠: 30년 전에는 2,000원이면 짜장면 한 그릇을 먹을 수 있었지. 친구들과 짜장면 곱빼기에 탕수육을 시켜도 만 원짜리 두 장이면 네 명이 충분히 먹었다니까. 이놈의 코로나 때문에 잠자던 물가가 깨어나더니 아주 춤을 추네.

정혁: 아빠, 저도 요즘 물가가 장난 아닌 거 느껴져요. 얼마 전에 오랜만에 새우깡을 하나 사는데 2,000원이었어요. 중학교 때보다 500원 이상 올랐어요.

아빠: 아빠 중학교 때는 새우깡 한 봉지에 200원이었어.

정혁: 그런데 왜 코로나 때문에 물가가 오르게 된 거예요?

아빠: 정혁아, 2020년 기억하니? 네가 초등학교 6학년 때인데, 그때 이 듣지도 보지도 못한 전염병 때문에 경제활동이 다 막혀 버렸잖니. 그래서 우리나라를 포함한 세계 각국 정부, 그리고 중앙은행이 마찬가지로 듣도 보도 못한 유동성을 공급하게 돼. 시중에 돈이 많이 풀려 버린 거지.

정혁: 돈이 많이 풀리면 사람들이 많이 쓸 거 아니에요?

아빠: 그렇지. 정혁이도 고등학교 수업 시간에 배웠을 것 같은데, 혹시 수요와 공급의 원리 아니?

정혁: 네, 알아요. 돈이 공급되니까 사람들은 사고 싶은 물건을 살 수 있는 능력이 생기고, 그러면 수요가 증가해서 물건 가격이 오르겠네요?

아빠: 그렇게 이해해도 되고, 시중에 돈의 공급이 늘어나서 돈의 가치가 떨어진 것이라고 이해할 수도 있어.

정혁: 저는 물가가 오르면 당연히 물건 가격이 올라가는 거니까 돈의 가치도 올라간다고 생각했는데, 오히려 돈의 가치가 떨어진다고요?

아빠: 아까 새우깡 얘기했지? 사실 아빠 중학교 때나 정혁이 중학교 때나 새우깡 맛이나 봉지 디자인은 그다지 변한 게 없어. 그런데 아빠 때는 200원이고 정혁이 때는 1,500원이잖아. 이건 똑같은 물건을 사기 위해 더 많은 양의 돈이 필요해진 거니, 돈의 가치가 떨어진 거야.

정혁: '물가가 오른다'에 다른 의미가 또 있을까요?

아빠: 똑같은 간짜장이나 새우깡을 사 먹는 데 돈이 더 많이 드니까 아빠랑 엄마의 호주머니가 얇아지겠지? 물가가 오르면 돈을 쓰는 게 무서워져. 물가 오르기 전과 버는 돈은 똑같은데 씀씀이가 커질 수밖에 없으니, 실질적으로 버는 돈이 줄어드는 느낌을 받는단다.

정혁: 그러면 아빠, 물가가 오르는 건 우리 생활에 무조건 안 좋은 거네요?

아빠: 적당한 물가 상승은 필요해. 물가가 상승한 만큼 물건을 만드는 회사는 마진을 덧붙일 수 있고 돈을 더 벌 수 있거든. 회사가 돈을 많이 벌면 그만큼 투자와 고용을 늘릴 수 있지. 그러면 개인소득도 늘어나니까 좋겠지? 하지만 요즘처럼 물가가 팍팍 올라서 그전에는 소고기를 사 먹었는데 이제는 돼지고기를 사 먹어야 하고, 외식 대신 집에서 먹어야 하는 것처럼 소비를 줄이게 될 때가 문제란다.

물가와 금리의 상관관계

정혁: 아빠, 이렇게 물가가 오르면 채권이나 주식 가격은 어떻게 되는 거예요? 경제가 안 좋아지니까 주식 가격은 당연히 안 좋아질 거고, 채권 가격은… 잘 모르겠어요.

아빠: 물가가 올라가면 보통 고정금리 채권 가격은 내려가. 아빠가 전에 예로 들었던 새별전자 10년짜리 채권을 10억 원어치 샀다고 가정해 보자. 연 3퍼센트 이자 수익을 용돈으로 삼고 있었는데, 물가가 매년 5퍼센트씩 상승한다고 해 봐. 그러면 아빠가 실제로 사용할 수 있는 돈은 얼마나 될까?

정혁: 수익은 일정한데 나가는 비용은 늘어나니까 나중에는 개털이 되겠는데요?

아빠가 표를 그려서 실제 지출이 가능한 돈이 얼마인지 보여 준다.

아빠가 지출할 수 있는 돈

[단위: 원]

구분	1년	2년	3년	4년	5년	6년	7년	8년	9년	10년
이자 수익	0.5억	0.5억	0.5억	0.5억	0.5억	0.5억	0.5억	0.5억	0.5억	0.5억
물가 상승 지출분*	0.3억	0.6억	0.9억	1.3억	1.6억	1.9억	2.3억	2.7억	3.0억	3.4억
순지출 가능 금액	0.2억	-0.1억	-0.4억	-0.8억	-1.1억	-1.4억	-1.8억	-2.2억	-2.5억	-2.9억
물가지수**	103.0	106.1	109.3	112.6	115.9	119.4	123.0	126.7	130.5	134.4

* (원금 10억 원) × (지수/100 − 1)　　** 물가지수 = $100 \times (1+\text{물가 상승률})^n$　　n: n^{th}년

정혁: 아빠, 채권 이자 소득에 의존하면 진짜 호주머니에 돈이 안 남아나겠는데요?

아빠: 인플레이션이 상승하면 채권 가격이 확실히 떨어진다는 걸 알겠지? 채권 가격이 떨어진다는 건…….

정혁: 채권 금리가 올라가는 거죠?

아빠: 정답! 채권자들은 이렇게 이야기하겠지. "지금 인플레이션이 상승하는 만큼, 아니면 그 이상 우리에게 수익률을 맞춰 주지 않으면 돈을 빌려줄 수 없어"라고 말이야. 그래서 채권 금리는 채권자들이 요구하는 수익률에 맞게 올라가는 거야. 인플레이션만큼 말이야
(채권 금리 = 실질 금리 + 인플레이션).

정혁: 아빠, 그러면 주식 가격도 왠지 떨어질 거 같은데요?

아빠: 주가가 꼭 하락하지는 않아. 적당한 인플레이션 상승은 회사가 제조하는 상품 가격을 '적당히' 올라가게 해. 상승분 플러스알파만큼 상품 가격이 올랐는데도 소비되는 양이 별로 줄어들지 않으면 회사의 이익은 더 올라가지. 이처럼 회사 이익이 상승하면 당연히 주가가 올라가겠지?

정혁: 그런데 물가가 상승해서 소비가 줄어들면 회사의 이익도 줄어드는 거 아닌가요?

아빠: 물가가 너무 올라서 도저히 소비할 수 없는 상황이 되면 주가는 당연히 내려가. 이걸 설명하는 가장 쉬운 개념이 '돈의 시간가치'란다.

정혁: 돈의 시간가치요?

아빠: 정혁아, 아빠가 지금 12만 원 주는 게 낫겠어? 아니면 1년 후에 15만 원을 받는 게 낫겠어? 단, 지금 시장 금리는 정확히 30퍼센트야.

정혁: 판을 키워서 나중에 15만 원을 받을래요.

아빠: 그래? 그러면 15만 원의 현재 가치를 한번 계산해 볼까?

1년 후 받을 15만 원의 현재 가치

$$\frac{15만\ 원}{(1+0.3)^1}$$

정혁: 계산하면 11만 5,300원이네요.

아빠: 그냥 지금 12만 원을 받는 게 낫지 않아? 서로 신뢰가 떨어진 현재 사회에서 타인과 거래하려면 이렇게 해야 한다더라. '무조건 현금 거래해야지, 외상 거래하면 안 된다'고 말이야.

물을 한 모금 마신 아빠가 다시 이야기를 한다.

아빠: 아빠가 적은 식을 기업이 벌어들일 돈의 합으로 바꾸면 분모는 시장 금리를 고려한 현재 시점의 화폐가치로 전환하기 위한 '할인 팩터'고, 분자는 회사가 벌어들일 돈이거든. 그러면 회사 가치를 높여서 주가를 올리려면 두 가지 중 하나가 필요하지.

정혁: 회사가 돈을 많이 벌든가(분자 수치 증가), 아니면 채권 금리가 낮든가(분모 수치 감소) 아닌가요?

아빠: 정답이야. 그래서 주가를 바라볼 때 이것만 고려하면 돼. 과연 회사가 물가 상승분만큼 제조 상품 가격에 전가할 수 있는지, 전가하더라도 소비가 줄지 않는지, 채권 금리가 높아져서 기업이 벌어들인 돈의 현재 가치가 기업 가치를 훼손할 정도로 낮아지는지 등을 보면 좀 쉬워지겠지?

물가 안정을 위한 중앙은행의 조치

정혁: 아빠, 물가가 급격하게 뛰고 우리 호주머니가 얇아지면 경제 상황이 안 좋아지잖아요. 그러면 맏형인 중앙은행이 안 나서요?

아빠: 당연히 나서야지. 그러면 중앙은행이 어떻게 물가를 안정시킬 수 있을까?

정혁이의 침묵이 길어지자 아빠가 다시 물어본다.

아빠: 물가가 왜 오른다고 했지?

정혁: 시장에 돈이 많아져서 돈의 가치가 떨어지면 결과적으로 물건값이 오른다고 하셨잖아요.

아빠: 그러면 물가 잡기 쉽겠네. 어떻게 하면 될까?

정혁: 시장에 있는 돈을 회수하면 되겠네요?

아빠: 돈을 회수하기 위해서 중앙은행은 어떻게 할까?

정혁: 소비를 줄이도록 하고 저축을 장려해야 하지 않을까요?

아빠: 하하, 중앙은행이 뭐 캠페인 하듯이 "저축하세요"라고 소리쳐서 설득하는 곳은 아니지. 대신 중앙은행은 '기준금리'라는, 중앙은행과 금융기관 간 대출과 차입 기준이 되는 초단기(1~7일) 금리를 조정하게 된단다. 물가가 상승하면 금리를 올리지.

정혁: 금리를 올리면 돈이 저절로 중앙은행에 흡수되나요?

아빠: 시중 예금 금리가 5퍼센트인데 어느 날 심난은행에서 "우리는 예금 특판으로 6퍼센트 합니다"라고 캠페인을 해서 예금을 유치하는 거 봤니?

정혁: 네, 지금 우리 집 앞 심난은행 지점에서 특판 예금 받던데요?

아빠: 그러면 사람들은 돈을 쓰기보다는 예금하는 게 더 유리하다고 생각할 수 있을 거야. 중앙은행이 금융기관들, 그리고 금융기관을 이용하는 고객이 돈을 쓰기보다 예치하는 것이 더 이익이라고 생각할 정도로 금리를 올리면 시장에 풍부한 돈을 어느 정도 흡수하는 데 성공하지 않겠어?

정혁: 원리는 되게 간단하네요. "이자 많이 붙여 줄게, 괜히 소비해서 물가 자극하지 말고, 은행 같은 금융기관에 돈을 맡겨. 그러면 돈 쓰는 기쁨보다 예치해서 얻는 수익이 더 많아질 거야"라고 하면서

진공청소기처럼 돈을 빨아들이는 거네요. 돈의 공급이 줄어들면 돈의 가치가 회복되고, 돈의 가치가 회복되면 물건값도 제자리를 찾는다는 게 핵심이잖아요.

아빠: 맞아, 그래서 우리나라 중앙은행인 한국은행도 부동산 시장이 불안함에도 불구하고 금리를 올려서 우선 물가부터 막으려고 했던 거란다.

한국은행 기준금리 추이
(2021. 8. ~ 2023. 1. 기간 중 기준금리 인상)

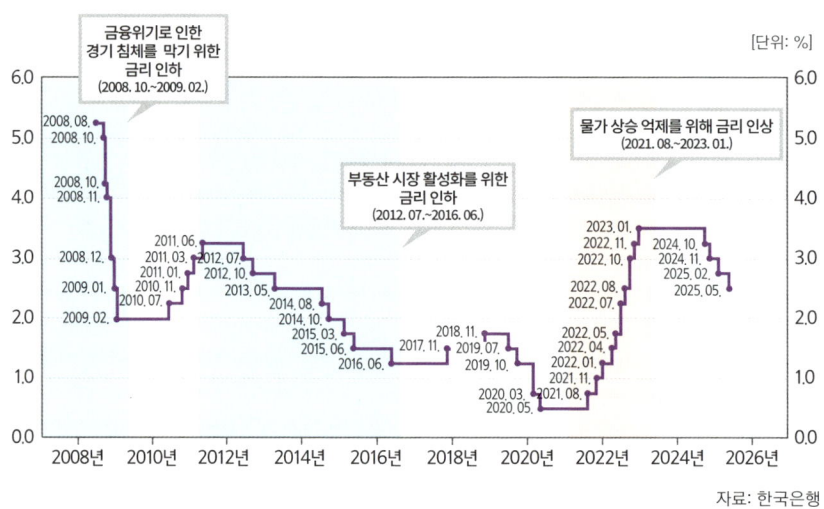

자료: 한국은행

장단기 금리 역전은 불황의 시그널

정혁: 아빠, 금리를 올려서 소비 대신 저축을 늘리는 건 좋은데요. 소비가 줄면 기업이 돈을 못 벌고, 금리가 올라가면 돈 빌릴 때 차입금리도 올라서 제때 돈을 못 빌리거나 이자 비용이 늘어나서 호주머니가 더 얇아지는 거 아니에요?

아빠: 예리한 질문이야. 물가를 잡기 위해 중앙은행이 급하게 기준금리를 올리면 네가 말한 대로 소비가 줄어서 기업이 돈을 못 벌고, 기업이 돈을 못 버니 누군가를 해고하는 일이 다반사로 일어날 수도 있겠지? 해고가 늘어나면 개인소득이 줄어드니까 소비는 더더욱 줄어들 거고?

정혁: 어제 사회 선생님께서 그러셨어요. 오히려 단기금리가 장기금리보다 더 높을 수 있다고요.

아빠: 하하, 이제 정혁이가 채권 금리에 대해서 아빠보다 더 많이 아는 것 같구나. 우리 만기에 관해서 이야기를 나눌 때, 만기가 길어질수록 원금을 회수할 수 있을지 불확실성이 커져서 채권자들이 원하는 요구수익률이 높아진다고 말했었지? 그래서 보통 만기를 가로축으로 하고, 수익률을 세로축으로 해서 그린 텀 스트럭처가 우상향한다고 했잖아.

정혁: 맞아요, 그랬었죠. 그게 때로는 우하향한다는 얘기에요?

아빠: 정답이야. 중앙은행이 기준금리를 올리면, 기준금리와 같은 단기

채권 금리는 중앙은행이 올리는 만큼 올라가지. 하지만 장기금리는 단기금리만큼 올라가지 못해.

정혁: 그 이유가 뭐예요?

아빠: 금리와 관계없이 무조건 매입해야 하는 기관들이 있기 때문이야. 예를 들어, 연기금('연금'과 '기금')이나 보험회사는 고객에게 만기가 긴 연금 및 보험 가입금(부채)을 받고 운용하지. 그래서 부채 듀레이션과 일치하는 자산을 사게끔 되어 있어. 연금이나 보험금 만기에 맞춰서 금리와 관계없이 기간이 일치하는 투자 채권을 사야 하니 수요가 항상 존재하겠지?

아빠가 전에 적어 둔 수식을 보여 주며 이야기를 이어 간다.

$$채권\ 금리 = 실질\ 금리 + 인플레이션$$

아빠: 그리고 장기금리는 인플레이션의 영향을 더 많이 받아. 물가가 상승하기 시작하면 쭈욱 올랐다가 중앙은행이 '물가를 잡겠어' 하고 기준금리를 올리면, 어느 순간부터 '물가가 잡히겠구나' 하고 금리가 반응하며 기준금리보다 먼저 꺾인단다. 그렇게 단기금리가 장기금리보다 오히려 높은 상황이 벌어지는 거야.

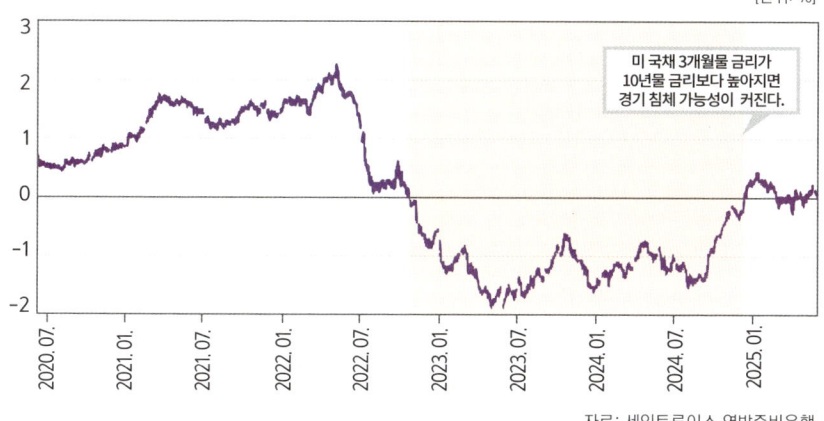

미 국채 10년 금리(장기금리)와 3개월 금리(단기금리) 차이
(2020. 6.~2025. 6.)

[단위: %]

미 국채 3개월물 금리가 10년물 금리보다 높아지면 경기 침체 가능성이 커진다.

자료: 세인트루이스 연방준비은행

정혁: 그러면 단기금리가 장기금리보다 높아지는 시기에 기업은 소비가 줄어들어 이익이 감소하고, 이익이 감소하니 사람을 자르고, 사람을 자르니 개인소득이 작아져서 소비를 더 줄이는 악순환이 벌어지는 거군요.

아빠: 게다가 대출금리가 올라서 대출받아서 부동산 같은 실물에 투자하기가 어렵고, 설사 대출받더라도 이자 비용 때문에 소비를 줄여야 하는 딜레마에 빠지는 시기란다.

그래서 장·단기 금리 역전이 벌어지는 것이 경기 침체를 예측하는 도구로 쓰이지. 만기가 길수록 금리가 높아야 하는데, 그게 반대로 일어난 거니까 말이야. 원래 비정상적인 상황이 벌어지면 뭔가 큰일이 일어나잖아.

정혁: 아빠, 그러면 만약 경기 침체가 일어날 거라고 예측되면 중앙은행은 어떻게 해야 해요?

아빠: 하하, 당연히 기준금리를 내려서 옥죄었던 돈을 푸는 것으로 경기 침체를 막으려 하겠지?

- 물가가 오르면 개인의 가처분 소득이 줄어들어 소비가 감소한다.
- 물가가 오르면 고정금리 채권 금리가 같이 오른다(채권 금리 = 실질 금리 + 인플레이션).
- 적당한 물가 상승은 주가 상승의 요인이지만, 급격한 물가 상승은 할인 팩터 상승에 따른 주가 하락으로 이어진다.
- 장·단기 금리 역전은 경기 침체를 예측하는 도구로 사용된다.

신용등급과 크레디트 스프레드

"아빠, 오늘 소고기가 유난히 맛있는데요?"

"요즘 물가가 너무 올라서 도저히 소고기를 먹을 수 없었는데, 아빠도 오랜만에 호강하네, 아들 덕분에 말이야. 이거 투뿔 등심이야, 하하."

아빠는 이번 노동절에 직전년도 은행 수익의 절반을 책임질 정도의 채권 운용 수익을 거둔 덕택에 두둑한 상금과 함께 고속 승진을 담보받는 최우수 직원상을 받았다. 그리고 소고기 중 가장 비싼 투 플러스(1++) 등급을 즐기고 있다.

"소고기도 투뿔, 원뿔, 그리고 1·2·3등급이 있듯이 채권도 등급이 있는 거 아니?"

"경제 수업 시간에 지나가듯이 들은 거 같은데요. 그게 어떤 거예요?"

신용등급의 정의

아빠: 채권을 발행하는 국가, 그리고 회사가 똑같이 원금을 갚을 능력이 있지는 않겠지? 직업이나 직책에 따라 개개인의 소득이 다른 것처럼 말이야.

정혁: 세계에서 가장 부유한 미국과 가장 가난한 나라 중 하나인 아르헨티나의 상환 능력에 차이가 있는 것처럼요?

아빠: 맞아. 그래서 국가나 회사의 신용 상태, 즉 돈을 빌렸을 때 충분히 갚을 수 있을지 등급을 매겨. 이걸 '신용등급'이라고 불러.

정혁: 아빠, 고기 타겠어요. 우선 지금은 먹는 걸 즐기고 집에서 더 설명해 주세요.

정혁이는 투뿔 등심의 소고기 한 점 한 점이 아까운지 소가 되새김질하듯 천천히 먹는다.

신용등급은 누가 평가할까?

정혁: 아빠, 너무 잘 먹었어요. 엄마도 같이 먹었으면 좋았을 텐데.

아빠: 엄마는 요즘 매일 출장이라서 같이 저녁 먹을 시간이 없네.

정혁: 하하, 엄마 것도 포장했으니까 서운한 마음은 없으실 거예요.

집에 도착하자 아빠는 보이차 티백을 우려서 두 잔의 차를 가져온다.

아빠: 정혁아, 이거 아빠 친구가 중국에서 사 온 보이차야. 예전에 마오쩌둥이 좋아하던 브랜드라고 하더라. 맛있으니까 한잔 마셔 봐. 긴장 완화에도 도움이 되고, 지금 배가 더부룩할 텐데 소화에도 좋을 거야.

차를 한 모금 마신 정혁이는 편안해진 얼굴로 아빠에게 질문한다.

정혁: 아빠, 갑자기 생각났는데요. 한우 등급은 누가 매겨요?

아빠: 그런 등급은 매우 권위적인 기관에서 평가해야 한단다. 한우 등급은 농림축산식품부 산하 축산품품질평가원에서 담당하지. 국가의 권위가 있으니까 믿고 먹는 거야.

정혁: 아까 신용등급에 관해서 설명해 주셨잖아요. 그러면 신용등급을 평가하는 기관 역시 권위가 상당해야겠네요? 우리나라 회사들의 신용등급은 국가기관에서 담당하나요?

아빠: 신용평가는 좀 다르단다. 국가도 채권을 발행하기 때문에 신용등급 평가 대상이거든. 국가기관에서 신용평가를 담당하는 건 마치 축구 경기에서 선수가 심판을 같이 보는 거나 마찬가지지. 그래서 객관성과 전문성, 그리고 권위가 보장된 신용평가 전문 회사가 평가

하고 있어.

정혁: 말씀만 들어도 그렇게 권위 있는 신용평가 회사는 몇 개 없을 거 같아요.

아빠: 사실 각국에서 발행하는 채권들을 평가하기 위해 적지 않은 신용평가사들이 서로 경쟁해. 그중에서 국내 채권 발행사의 등급을 매기는 평가사 세 곳, 글로벌 시장에서 돈을 차입하려고 하는 채권 발행사의 등급을 매기는 평가사 세 곳만 기억하면 된단다. 올림픽이나 아시안게임에서 3등까지만 메달을 주는 것처럼 말이야.

정혁: 그게 어떤 회사들인데요?

아빠: 우선 글로벌 채권, 즉 달러나 유로 등을 발행하고 싶은 국가나 기업을 평가하는 대형 기관이 세 군데 있어. 우선 '무디스Moody's'가 있는데, 무디스는 최근 이런 결정으로 전 세계의 관심을 받았지.

참고 기사

국제신용평가회사 무디스가 16일(현지시간) 미국의 국가신용등급을 최고등급인 'Aaa'에서 'Aa1'으로 강등했다. 미국 연방정부 부채 증가가 가장 큰 원인이다. 미 국채 금리 상승으로 연방정부의 이자 부담이 커진 점도 영향을 미쳤다. 도널드 트럼프 미국 대통령의 관세 정책으로 경기 침체 우려가 커지고 미 국채의 안전자산 지위가 흔들리는 상황에서 이번 무디스 조치로 미 국채와 달러 가치 등이 하락하는 '셀 아메리카'가 재개될지 관심이 쏠리고 있다.

무디스는 이날 뉴욕 금융시장 마감 후 낸 등급 변경 보고서에서 미국의 국가 신용등급을 한 단계 하향조정했다. 그러면서 "지난 10여년간 미국 연방정부 부채는 지속적인 재정 적자로 인해 급격히 증가해왔다"며 "이 기간 연방 재정 지출은 증가한 반면 감세 정책으로 재정 수입은 감소했다"고 밝혔다.

(이하 생략)

박신영, 「무디스, 美신용등급 강등…셀아메리카 재개되나」 (한국경제, 2025. 5. 17.)

정혁: 미국은 세계에서 가장 강한 부자 나라인데 신용등급이 떨어졌네요?

아빠: 기사를 보면, 미국의 빚이 너무 많아져서 나중에 과연 갚을 수 있을까 하는 물음표가 그려진 거야.

정혁: 나머지 두 군데는 어디예요?

아빠: 무디스 외에 스탠더드 앤 푸어스 Standard & Poor's, S&P와 피치 레이팅스 Fitch Ratings가 아주 중요한 글로벌 신용평가 기관이란다. 보통 기업이나 국가가 신용평가 등급을 받을 때, 세 군데 중 적어도 한두 곳의 평가를 받아야 투자자들이 빚을 내려는 회사의 상환 가능성을 예측하고 살지 말지를 결정해.

정혁: 그러면 이 세 곳의 평가사가 모든 회사의 신용등급을 결정해요?

아빠: 그렇지는 않단다. 달러나 유로가 아닌 각국 통화로 채권을 발행

할 때는 각국의 신용평가 기관이 평가하지. 즉 삼성전자가 원화로 채권을 발행하는 데 굳이 다른 나라 신용평가 기관이 등급을 매길 필요는 없다는 말이야. 국내에서 채권을 발행할 때는 우리나라 신용평가 기관이 등급을 책정하지.

정혁: 역시 그렇겠죠? 우리나라 회사에 대해서는 우리나라 평가사가 제일 잘 알 테니까요. 그러면 어떤 평가사들이 우리나라 정부나 기업의 평가를 담당하나요?

아빠: 우리나라도 세 개 회사가 주요 신용평가를 담당하고 있어. '한국신용평가' '한국기업평가' 'NICE신용평가'가 바로 그 세 곳이란다. 특히 공모로 발행되는 채권은 이 중 최소 두 곳 이상의 평가사에서 등급을 받아야 해. 여기서 공모란, 불특정 다수(50인 이상)를 대상으로 채권 투자자를 모집하는 절차를 말한단다.

신용등급은 어떻게 분류될까?

정혁: Aa1? 아빠, 기사에 대문자랑 소문자를 섞어서 쓴 게 신용등급이에요?

아빠: 맞아, 회사마다 신용등급을 매기는 고유의 표시 방법이 있어. 아빠가 언급한 회사들은 신용등급 기호가 대부분 똑같은데, 무디스만 좀 달라. 여기 신용등급 표가 있네.

신용등급 현황
(디폴트 등급 제외)

랭킹	무디스	무디스 외 평가 기관
1	Aaa	AAA
2	Aa1	AA+
	Aa2	AA
	Aa3	AA-
3	A1	A+
	A2	A
	A3	A-
4	Baa1	BBB+
	Baa2	BBB
	Baa3	BBB-
5	Ba1	BB+
	Ba2	BB
	Ba3	BB-
6	B1	B+
	B2	B
	B3	B-
7	Caa1	CCC+
	Caa2	CCC
	Caa3	CCC-
8	Ca	CC
9		C

정혁: 미국의 신용등급이 떨어졌다는 기사를 보니까 Aaa에서 Aa1으로 강등됐다고 하는데, 무디스의 '1'은 '+'와 같은 의미예요?

아빠: 맞아, 같은 등급 안에서도 3단계로 구분된단다. 무디스는 1, 2, 3 숫자로 구분하고 다른 신용평가 기관은 +, -, 그리고 무표시('플랫'이라고 읽음)로 구분해.

정혁: 그러면 아빠, 우리나라 정부의 글로벌 등급은 어때요? 지난번 계엄령 때문에 외국에서 우리나라를 안 좋게 본다는 뉴스를 봐서요. 혹시 C등급인 거 아니에요?

아빠: 하하, 우리나라는 현직 대통령도 잘못하면 잡아가는 나라야. 얼마나 민주주의가 성숙하고 투명한 시스템을 갖춘 나라인데! 현재 우리나라는 S&P 'AA', 무디스 'Aa2', 피치 'AA-'로 아주 높은 등급을 가지고 있어. 투뿔까지는 아니지만, 원뿔 정도의 품질을 가지고 있달까?

정혁: 무디스만 보면 우리나라 신용등급이 미국과 한 끗 차이네요!

투자 등급과 하이일드 등급

아빠가 Baa와 BBB 등급부터 위쪽으로 색을 칠한다.

아빠: 한우 등급이 낮으면 낮을수록 찾는 사람이 적고, 찾는 사람이 적

을수록 가격은 내려가지.

정혁: 맞아요. 투뿔 등급 한우를 파는 식당들은 '투뿔'을 엄청나게 강조하더라고요. 그런데 아래 등급의 한우를 파는 식당 중에서 등급을 강조하는 곳은 못 본 거 같아요.

아빠: 대신 가격이 싸다고 홍보하지, 하하.

부자가 함께 웃는다.

정혁: 그런데 아빠, 왜 신용등급 표에 색칠한 거예요?

아빠: 신용등급에 따라 투자해도 안심할 수 있는 회사와 그렇지 않은 회사를 나눈 거야.

정혁: 색칠한 쪽이 투자할 만한 회사겠네요?

아빠: 그렇지. 투자할 만한 회사라서 '투자가능등급' 또는 줄여서 '투자등급'이라고 해.

정혁: 그러면 색을 칠하지 않은 밑의 등급들은요?

아빠: BB부터 그 아래 등급은 원래 쓰레기 채권이라는 의미의 '정크본드junk bond 등급'으로 불렸는데, 아래 등급의 진정한 가치를 꿰뚫고 적극적으로 투자해서 돈을 벌었던 한 사람 때문에 요즘에는 '하이일드high yield 등급'이라고 부르게 됐단다.

쓰레기 더미에서 진주를 찾은 마이클 밀컨

정혁: 오, 그 사람이 누구예요?

아빠: 마이클 밀컨Michael Milken이라는 사람인데, 하이일드 등급 채권의 가격이 엄청 싸다는 것에 주목했어. 드렉셀 번햄 램버트Drexel Burnham Lambert라는 투자회사에서 채권전략을 담당하는 매니저였던 밀컨은 1970년대 당시 정크본드 등급 기업들의 채권이 높은 수익률을 보인다는 것을 눈치챘어. 즉 낮은 가격의 채권을 제공하면서도 원금과 이자를 갚지 못할 정도의 신용 상태가 아니라는 사실을 발견한 거지. 그래서 정크본드 등급의 기업에 이런 식으로 제안을 해. "채권시장에서 돈 꾸기 힘들 텐데, 내가 대신 꿔 줄게. 가격만 좀 더 낮춰 줘."

정혁: 그러니까 잘 안 팔리는 원뿔 미만 등급의 한우를 얼마든지 사 줄 테니까 싸게만 달라고 하는 거랑 비슷하네요?

아빠: 정답이야. 1980년대에 접어들면서 정크본드 등급 기업 간 구조조정과 M&A(회사가 다른 회사를 돈 주고 사는 것)가 활발해지고, 정크본드 등급 채권 발행이 엄청 많아져. 그런데 망하지는 않아. 그 결과 1987년에 밀컨의 연봉은 5억 5,000만 달러(약 7,500억 원)까지 올랐다고 해.

정혁: 우와, 진짜 꿈의 연봉이네요. 1987년에 그 연봉이라면, 38년이 지난 지금의 가치로 환산하면 조 단위의 부자가 됐겠어요.

아빠: 그런데 호사다마라고 할까? 이후 밀컨은 정크본드 등급 회사의 내부 정보를 이용해서 투자전략을 짜고, 고객의 계좌를 맘대로 유용한 혐의 등으로 기소(재판에 넘기는 행위, '소추'라고도 함)돼. 그리고 1990년에 징역 10년과 벌금 6억 달러를 선고받고 2년 조금 못 되는 기간 동안 복역해.

정혁: 그래서 어떻게 됐어요?

아빠: 영원히 금융업에 복귀하지 않겠다고 금융 당국(미 증권감독위원회 SEC)과 약속하는 대신 더 이상 재산을 몰수하거나 기소하지 않기로 합의를 봤어. 지금은 밀컨패밀리재단 및 밀컨연구소를 설립해서 암 연구, 교육, 경제정책과 관련한 지원을 하고 있어.

정혁: 선한 일을 하고 있네요?

아빠: 밀컨이 채권 매니저 시절 수단과 방법을 가리지 않고 법을 위반하면서까지 성공을 위해 행동했던 점은 비난받아 마땅하지. 그렇지만 쓰레기 더미에서 진주를 찾는 탁월한 눈을 가졌다는 건 인정해야 해. 특히 밀컨은 정크본드 등급 회사가 위험 대비 투자자에게 가져다줄 수익, 즉 '위험조정수익'이 탁월하다는 점을 앞서 깨달았어.

아빠가 다 식은 보이차 한 모금을 마신 후 이야기를 이어 간다.

아빠: 특히 수익률에서 보이는 회사 특유의 고유한, 위험의 맥을 제대로 짚어서 큰돈을 벌게 된 거야.

회사 고유의 위험, 크레디트 스프레드

정혁: 수익률이요? 정크본드 등급, 아니 하이일드 등급 채권의 수익률은 당연히 투자 등급 채권의 수익률보다 높잖아요. 그런 건 저도 알겠어요.

아빠: 하하, 돈을 그렇게 쉽게 벌 수 있나?

정혁: 단순히 수익률이 높고 낮은 걸로 판단할 수 없다는 거예요?

아빠: 맞아. 마치 해부학자처럼 수익률을 이리저리 파헤쳐 보다가 의외로 간단한 원리를 발견한 거지.

아빠가 종이에 다음 공식을 적는다.

수익률 = 국채 금리 + 크레디트 스프레드

정혁: 엥, 간단해 보이는 공식인데 무슨 의미인지 잘 모르겠어요.

아빠: 회사채의 수익률은 투자자 입장에서는 요구하는 수익률일 테고, 채권을 발행하는 회사 입장에서는 이자 비용이 되겠지? 이 수익률은 회사마다 다르지만, 같은 만기의 국채 금리는 동일할 거야. 왜일까?

정혁: 국채는 금과 함께 대표적인 안전자산이니까요?

아빠: 정답. 예를 들어 원화 표시로 발행하는 새별전자 채권의 이자율이 5퍼센트, 만기는 10년이라고 해 보자. 현재 10년 원화 국채 금리가

2.87퍼센트(2025년 6월 16일 기준)니까 수익률은 이렇게 계산할 수 있어.

$$5\% = 2.87\% + 2.13\%$$

정혁: 아빠가 적은 공식대로 계산하면, 삼성전자 채권의 크레디트 스프레드 Credit Spread가 2.13퍼센트라는 거예요?

아빠: 맞아. 여기서 크레디트 스프레드라는 건 바로 회사 고유의 위험을 나타내는 수익률이고, 삼성전자 고유의 위험은 2.13퍼센트라는 거지. 마이클 밀컨은 바로 여기에 초점을 맞춰서 회사 신용등급의 평균 크레디트 스프레드보다 높으면 사고, 낮으면 파는 전략을 쓴 거야.

정혁: 아빠, 그런데 꼭 신용등급으로만 수익률이 적정한지 판단하나요? 같은 등급이라도 금융업을 하는 회사와 자동차를 만드는 회사는 다르잖아요?

아빠: 정혁이가 핵심을 찔렀네. 그래서 신용등급, 업종, 만기가 유사한 채권끼리 모아서 하나의 그룹을 만들고, 이 그룹을 일종의 기준으로 삼는단다.

정혁: 아하, 저도 명심해서 살펴보겠습니다!

- 신용등급은 기업이 원리금을 상환할 수 있는 능력을 평가하는 표준 지표다.
- 신용등급 평가는 권위 있는 기관이 수행해야 하며, 글로벌 3대 신용평가 기관으로는 'S&P' '무디스' '피치'가 있다.
- 신용등급은 등급 수준에 따라 투자 등급과 하이일드 등급으로 나눌 수 있다.
- 크레디트 스프레드는 회사채 수익률에서 동일 만기 국채 수익률을 차감한 수치로, 발행 회사의 고유 위험을 나타낸다.

chapter **2**

알아 두면 유용한 금융시장의 주요 심리지표

미국의 경제 지표는 왜 중요한가?

> 우리는 이란이 보유한 세 곳의 핵 시설에 대한 매우 성공적인 공격을 완료했습니다.

"아빠, 미국이 이란을 공격했다는데요?"

엄마와 같이 밥을 먹고 있던 아빠가 깜짝 놀라며 답한다.

"트럼프는 항상 결정까지 2주 시간을 말하는데, 2주가 되기 전에 이란을 공격했네? 아이고, 내일 국내 증시가 좀 흔들리겠는데?"

"우리나라에서 전쟁이 난 것도 아닌데, 왜 국내 증시가 흔들려요?"

정혁이가 당연하다는 듯이 질문한다.

"미국이 올림픽에 나가면 중국하고 금메달 경쟁을 하는 건 잘 알고 있어요. 힘이 아주 센 나라라는 것도 알겠어요. 그런데 아무리 힘이 센 미국과 관련이 있다고 해도 우리와는 관계없는 상황 아닌가요?"

"미국이 전 세계에 미치는 영향은 네가 상상한 것 그 이상이란다. 광복 후에 우리나라가 어떻게 최빈국에서 세계 10위권의 경제 대국이 됐을까?"

"제가 태어나기 전이라 잘 모르죠."

"아빠도 마찬가지야. 아빠는 70년대 후반에 태어나서 80년대에 초등학교를 다녔으니까 직접 본 건 없어. 그런데 당시 할아버지가 '포니투'라는 이름의 자동차를 가지고 계셨는데, 그 차를 두고 뭐라고 하신 줄 아니?"

"할아버지 운전 안 하시잖아요. 옛날에는 하셨어요? 뭐라고 말씀하셨는데요?"

"미국에서 잘 팔리는 차야. 아들아, 차는 작아도 튼튼하고 잘 달린 단다!"

세계 1위의 경제 대국

아빠: 아빠가 보기에 미국의 대통령, 중앙은행 총재 격인 연준(연방준비제도) 의장, 그리고 주요 정부 인사가 한마디 할 때마다 전 세계 경제가 들썩들썩하는 이유는 크게 두 가지가 있단다. 그중 하나는 당연

히 미국이 세계에서 가장 경제 규모가 큰 나라이기 때문이야. 아빠가 그래프를 하나 보여 줄게.

아빠가 옆에 있던 태블릿 PC에서 그래프를 불러온다.

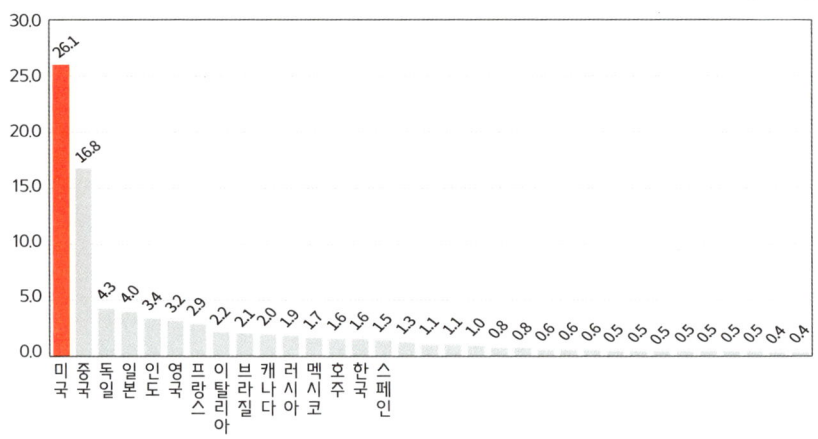

아빠: 미국의 2024년 말 GDP Gross Domestic Product(국내총생산) 비중을 보면, 전 세계 경제 규모의 4분의 1 이상을 차지하고 있단다.

정혁: 바로 뒤가 중국이네요?

아빠: 맞아, 미국과 중국을 합치면 전체 GDP의 44퍼센트를 차지하지. 거의 절반인데, 어떻게 무시할 수 있겠어.

정혁: 아빠, 그런데 미국이 이란을 공격하면 왜 우리나라 증시가 안 좋아지는 거예요?

아빠: 미국이 이란을 공격하면 이란 역시 미국, 그리고 전쟁 중인 이스라엘에 보복할 거야. 보복 방법으로는 군사적인 보복도 있지만, 이란에는 또 다른 막강한 무기가 하나 있어.

정혁: 그게 뭔데요?

아빠: 바로 원유야. 이란은 2024년 말 기준으로 원유 생산량이 세계 7위야. 1970년대 말에 이슬람 혁명으로 정권을 잡은 이란의 이슬람 정부는 반미 정책을 펼치면서 미국을 괴롭혔어. 이후 미국이 보복으로 각종 생필품의 수출과 수입을 막고 있어서 그렇지, 정상적인 경제 상황이라면 더 많은 생산과 수출을 했을 거야.

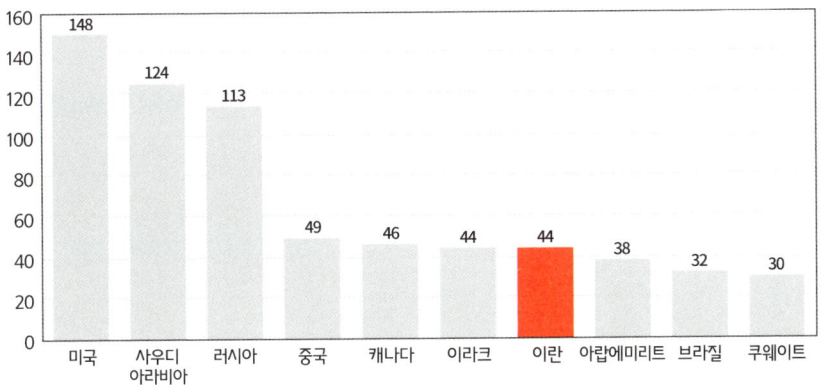

국가별 일일 원유 생산량 상위 10개국
(2024년 12월 말 기준)

자료: Worldometers

정혁: 그러면 이란이 열받아서 원유를 수출하지 않을 수도 있겠네요?

아빠: 맞아. 원유가 없으면 공장도 안 돌아가고, 차도 움직일 수 없지. 경제가 마비된다는 의미야. 그렇게 세계에서 경제 규모가 가장 크고 다른 나라로부터 수입도 제일 많이 하는 미국이 경제적으로 어려움에 빠지면, 우리나라를 포함한 다른 국가들의 경제도 어려워질 수밖에 없어.

정혁: 미국이 수입을 그렇게 많이 해요?

아빠: 바로 그게 할아버지가 포니투를 자랑스럽게 여겼던 이유야. 아빠는 우리나라가 세계 10위의 경제 대국으로 성장한 까닭이 저렴한 차를 미국에 엄청나게 팔았기 때문이라고 생각해. 미국은 차가 없으면 당최 이동할 수 없는 나라니까.

정혁: 지하철이나 시내버스로 이동하면 안 돼요? 저는 차가 없어도 대중교통으로 여기저기 잘 다니는데요.

아빠: 미국은 땅덩이가 워낙 커서 대도시 말고는 차로 움직여야 한단다. 그런데 우리나라의 포니투 같은 차는 가격이 저렴하면서 고장도 덜 나니까, 돈 없는 미국 사람들이 많이 탔다고 하더라고. 어쨌든, 미국은 다른 나라에서 엄청나게 수입을 많이 해. 이 그래프도 한번 볼래?

아빠가 손가락으로 태블릿 PC 화면을 몇 번 넘겨서 새로운 그래프를 불러온다.

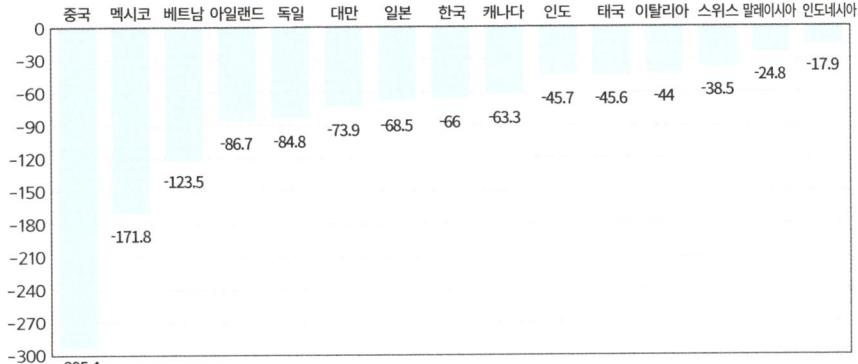

미국 무역적자 현황
(2024년 12월 말 기준)

자료: Worldometers

정혁: 미국이 수입을 엄청 많이 하네요? 아, 맞다. 경제 선생님께서 트럼프 대통령이 다른 나라하고 무역할 때마다 매번 손해만 본다고 열받아서 전 세계에 관세라는 것을 물렸다고 하더라고요.

아빠: 하하, 그래. 2025년 4월 2일이었는데, 트럼프는 그날을 '해방의 날 Liberation Day'이라고 하면서 말도 안 되는 관세를 내라고 했단다. 물론 그날도 우리나라 주가가 크게 하락했지.

정혁: 미국이 세계에서 가장 경제 규모가 큰 나라고 수입도 많이 해서 미국 경제가 어려워지면 우리나라를 비롯해 전 세계의 경제가 어려워지는 건 알겠어요. 그러면 아빠가 생각하는 또 하나의 이유는 뭐예요?

미국 달러는 전 세계에서 통용되는 기축통화

아빠가 정혁이의 물음에 엉뚱한 답을 한다.

아빠: 아빠 대학교 때 우리나라 경제에 큰 위기가 왔단다. 바로 외환위기인데, 당시 우리나라가 다른 나라한테 빌린 돈을 갚을 능력이 없다고 하니까 외국인 투자자들이 자금을 회수한 거야. 돈을 뺄 때 우리나라 원화를 팔고 미국 달러로 바꿔서 나갔지.

정혁: 아, 그 IMF인가 하는 거요? 3모(3월 모의고사)에 우리나라의 1997년 외환위기를 자세히 묘사한 글이 나왔어요. 우리나라 곳간에 달러가 바닥났다고 했어요.

아빠: 반면에 미국이라는 나라는 외환의 시세, 즉 환율로 인한 경제 위기가 생길 수 없어.

정혁: 그건…….

정혁이가 말하려 하자 아빠가 바로 답한다.

아빠: 미국 달러가 전 세계에서 사용하는 공용 화폐라서 그래. 공용 화폐를 멋있는 말로는 '기축통화'라고 한단다.

정혁: 우리나라에서는 원화를 사용하는데, 해외에서는 원화를 달러로 바꿔서 써야 한다는 건가요?

아빠: 정답이야. 아빠가 홍콩에 출장을 자주 가잖니? 그럴 때 환전을 하는데 겉으로는 원화와 홍콩달러를 맞교환하는 것처럼 보이지만, 중간에 달러가 껴서 이런 순서로 바꾸게 되는 거야.

① 원화 매도, 달러 매수
② 달러 매도, 홍콩달러 매수

정혁: 음, 해외에 가서 우리가 방문하는 나라의 통화로 바꿀 때 달러가 중간에서 매개체 역할을 한다는 거죠? 그러면 달러가 우리나라에 미치는 영향은 뭐예요?

아빠: 달러가 전 세계의 기준 통화가 되니까 미국은 필요에 따라 달러를 무진장 발행해서 경제를 부양하기도 하고, 미국 내 물가가 오르면 시중에 널린 달러를 금융기관으로 흡수하기도 한단다. 정혁이 너 혹시 양적완화에 대해서 들어 봤어?

정혁: 그럼요, 누구 아들인데요? 경제 선생님께서 양적완화 때문에 미국의 빚이 많이 늘었다고 하던데요?

아빠: 어, 미국 정부가 빚내서 지출하려고 국채를 발행하면 중앙은행인 연준이 사 주는 거야. 그런데 무슨 돈으로 사겠어? 중앙은행은 돈을 찍을 수 있는 권한이 있으니까, 그냥 돈을 새로 찍어서 국채를 사는 거야. 국채를 발행해서 공급이 늘어나도 사 주는 곳이 있으니 금리는 내려가고, 미국 정부는 시중에 돈을 풀면 경제가 좋아지

리라고 생각하는 거지. 2020년 코로나19 팬데믹 위기 때를 생각해 봐. 다 망할 것처럼 생각하다가 미국이 돈을 풀기 시작하니까 경제가 회복되고 우리나라 주가도 엄청 올랐잖아. 기억나니?

정혁: 네, 기억나요. 우리 다 마스크 끼고 살았잖아요. 그런데 아빠가 소고기를 가장 많이 사 주셨을 때가 그때였던 거 같은데요?

아빠: 하하, 만약에 우리나라가 시중에 돈을 풀기 위해서 국채를 발행하고 중앙은행인 한국은행이 신사임당권을 찍어서 사 준다고 생각해 봐. 아마 달러 대비 원화 가치가 급락의 급락을 거듭해서 경제 살리려다가 오히려 제2의 외환위기가 올걸? 외국인 투자자들이 원화를 다 팔고 달러를 살 테니까 말이야. 그래서 돈을 맘대로 찍을 수 있는 권리는 기축통화국인 미국에만 있다고 해도 과언이 아니야.

정혁: 그러면 미국이 이란을 저렇게 공격했을 때 달러는 어떻게 돼요?

아빠: 미국이 개입된 전쟁이 일어나면, 사람들은 전쟁이 나도 재산 가치를 유지할 수 있는 것을 찾게 돼. 그걸 안전자산이라고 말하는데, 미국 달러도 그중 하나겠지? 기축통화라서 어디서나 쓸 수 있거든.

미국의 경제지표는 독립변수, 한국의 경제지표는 종속변수

정혁: 미국의 경제 규모는 여전히 전 세계 4분의 1 이상이고 다른 나라의 물건도 많이 사 주고, 미국의 돈은 어디서나 사용할 수 있는 기축

통화이기 때문에 트럼프 대통령의 한마디 한마디가 중요한 거네요?

아빠: 어쩔 수 없이 인정해야 하는 사실이지. 우리나라의 경제지표도 중요하지만, 미국의 지표는 전 세계 경제와 금융시장에 엄청난 파급효과를 미친단다. 그래서 미국 경제가 전 세계의 독립변수라는 거야.

정혁: 그러면 우리나라는요?

아빠: 미국 경제의 종속변수?

다음 날 아침, 아빠는 9시 주식시장을 보자마자 한숨을 푹 쉰다.

아빠: 예상처럼 주가가 급락으로 시작하네. 이럴 때일수록 주식을 사야 하는데…….

Point

- 미국은 전 세계의 26퍼센트(2024년 12월 말 기준)를 차지하는 세계 1위의 경제 대국이다.
- 미국 달러는 기축통화로, 전 세계 금융시장에 지대한 영향을 미친다.
- 미국 주요 인사들의 코멘트와 주요 지표는 전 세계 금융시장 및 경제의 독립변수 역할을 한다.

금융시장의 자경단, 금리와 환율

"아빠, 오늘 담임선생님과 면담했어요."

"어, 그래. 무슨 이야기를 했니?"

"선생님께서 무슨 과 가고 싶냐고 물어보셔서, 경영학과 아니면 경제학과 가고 싶다고 했죠."

"그리고?"

"전공을 고른 이유를 물어보셔서 아빠처럼 훌륭한 채권 매니저가 되고 싶다고 했더니, 선생님 아내 분은 영광증권 주식 매니저로 일하고 계시대요."

"오, 그러면 선생님께서 금융에 대한 이해도가 높으시겠구나!"

"네, 아내 분은 결혼하기 전까지 주니어 채권 매니저로 일했는데 그때의 경험 덕분에 주식 매니저로 일하면서 매년 높은 실적을 거둘 수 있으셨대요."

"그래? 선생님 아내 분의 생각이 아빠와 똑같구나. 채권 매니저의 사고방식이 주식 투자하는 데 큰 도움이 된다는 거 말이야."

"아빠, 그러면 어떤 면에서 채권 매니저의 사고방식이 주식 투자에 도움이 될까요?"

평균 회귀의 법칙

정혁이는 채권, 주식, 코인 등 모든 투자 상품의 전문가가 되고 싶다. 그래서 내년에 있을 수능시험 준비에 소홀하다는 지적에도 불구하고 투자 공부를 게을리하지 않는다. 우선 아빠가 20년 넘게 일하고 있는 채권 투자 분야가 끌리지만, 더욱 다양한 분야에서 투자자로 활동하고 싶은 마음이다.

아빠: 아빠 같은 채권쟁이들은 기본적으로 크게 두 가지의 마음가짐을 지니고 있단다. 첫 번째는 '내가 전망한 것은 대부분 틀린다. 따라서 틀렸을 때 돈을 잃으면 안 된다'라는 거야. 아빠가 점쟁이도 아닌데 어떻게 다 맞추겠니?

정혁: 하하, 맞아요. 작년에도 미국 대통령 선거에서 트럼프가 질 거라고 하셨잖아요. 잘못한 게 너무 많아서요.

아빠: 허허, 맞네. 그래도 그때 아빠가 운용하는 자산들은 수익 냈다!

정혁: 역시 우리 아빠셔. 그리고 또 한 가지는 뭐예요?

아빠: 두 번째는 '모든 것은 제자리로 돌아온다'는 사실이야. 즉 평균 회귀의 법칙이지.

정혁: 모든 것은 평균으로 돌아온다는 건가요? 우리나라의 코스피KOSPI(종합주가지수)나 미국의 S&P 500 같은 주가지수는 장기적으로 보면 항상 상승했잖아요.

아빠: 인간은 학습의 동물이야. 정혁이도 공부를 계속하다 보니 아빠 못지않은 금융 지식을 가질 수 있게 됐잖아? 주식시장은 '기업은 기술혁신을 통해 발전한다'라는 대전제 아래에서 그것을 지켜가며 발전하고 있어. 그래서 항상 그래프가 우상향하는 거란다.

아빠가 물을 한 모금 마신 후에 말을 이어 나간다.

아빠: 그런데 중간중간 한 단계씩 더 성장하라고 곳곳에 위기가 숨어 있어. 주식 투자를 하는 사람들에게 그 위기는 어쩌면 한순간에 모든 돈을 잃을 수 있는 아찔한 위험이기도 해.

정혁: 헉! 왜 그런 일이 벌어지는 거예요?

아빠: 아까 기업은 기술혁신을 통해서 발전한다고 했지? 그런데 수많은 회사가 경쟁에 밀려서 발전하지 못한 채 기업 가치가 뚝 떨어지고, 때로는 망하기도 한단다. '다 잘될 거야'라는 생각으로 맹목적인

투자를 하면 안 되는 이유야. 반면에 채권 투자는…….

정혁: 아빠의 답이 기대돼요.

아빠: 채권 가격은 전적으로 유통시장에서 거래되는 시장 금리에 의해 결정되는데… 이 금리라는 게 단순히 숫자에 퍼센트를 붙인 것에 불과해 보이지만, 아빠가 전에 설명했듯이 금리가 너무 많이 올라가면 경기 침체가 올 수 있어. 그래서 중앙은행이 기준금리를 인하하게 되는데, 기준금리를 너무 낮추면 쉽게 돈 빌려서 부동산에 펑펑 투자하고… 시중에 돈이 너무 많이 풀려서 물가가 상승하고, 말도 안 되는 주가 상승과 코인 상승을 동반해. 그러면 과열된 시장을 식히기 위해서 중앙은행이 또 금리를 내려. 이게 계속 반복된단다.

정혁: 금리는 어느 정도 올라가면 내려가고, 바닥을 찍으면 다시 올라가요?

아빠: 빙고. 그래서 채권 투자자들은 채권 상품들이 언젠가 제자리를 찾을 것이라고 믿고 과도한 투자 쏠림을 경계해. 아빠는 오랫동안 채권 투자를 해 왔으니까 주가지수나 산업별 ETF에 똑같은 철학을 대입한단다. 엄청 떨어지면 언젠가 제자리로 돌아올 거라는 믿음으로 샀더니 정윤이, 정혁이에게 소고기 사 줄 돈은 벌었다 이 말이지.

정혁: 아빠, 그러면 주식시장도 엄청 떨어지면 언젠가 돌아온다고 100퍼센트 믿어도 돼요?

아빠: 99.9퍼센트, 하하. 왜냐하면 1929년 경제 대공황이나 2008년 미국발 금융위기 때는 빠르게 회복하지 못했거든. 이런 경제·구조

적인 문제로 발생한 침체기를 제외하고는 아빠 말대로 '평균 회귀의 법칙', 즉 모든 것은 제자리를 찾는다는 개념은 성립한다고 자신 있게 말할 수 있어.

투자는 심리 게임

정혁: 1학년 세계사 시간에 '튤립 광풍'이니 '남해회사 거품'이니 하는 걸 배웠던 기억이 나요. 선생님께서 예전에 사람들이 투자만 하면 무조건 돈을 번다는 믿음으로 전 재산을 '몰빵'해서 결국 다 망했다고 설명하셨어요. 그런데 가격이 너무 올랐는데도 투자하는 이유를 잘 모르겠어요. 그 상품이 영원히 오를 거라고 믿는 걸까요? 제 생각에는 아빠나 담임선생님 아내 분처럼 언젠가는 제자리로 돌아올 거라는 사실을 아는 사람이 적지 않을 것 같거든요.

아빠: 주가가 떨어질 줄 모르고 오를 때는 '지금 올라타지 않으면 바보가 되겠어'라는 절박감으로 투자해. 이걸 흔히 '포모FOMO, Fear Of Missing Out' 현상이라고 하지. 반면에 주식 또는 코인 빙하기처럼 자산 가격이 급격하게 하락하는 장에서는 싸게 살 기회가 왔음에도 불구하고 더 떨어져서 손해 볼까 봐 투자를 못해. 머릿속에서는 '살 수 있어. 살 기회야!'라고 외치고 있는데도 말이야. 아빠는 이걸 '포비FOBI, Fear of Buy-In(매수에 대한 두려움)'라고 표현한단다.

정혁: 아빠가 계속 설명해 주셨던 채권의 주요 개념들을 익히는 것 말고, 훌륭한 투자자가 되기 위해서는 어떤 걸 더 갖춰야 할까요?

아빠: 공부도 중요하긴 한데, 멘탈 관리도 필요해. 투자에 대한 공포가 있을 때는 과감하게 사고, 투자 광풍이 불 때는 팔아서 현금으로 바꾸는 결단이 오히려 도움이 될 수 있어. 투자할 때는 보편적인 심리를 역이용해서 수익을 올릴 수 있단다. 바로 평균 회귀의 법칙의 연장선에 있는 개념이지.

정혁: 투자라는 게 꼭 심리 게임 같네요. 다른 투자자들이 겁먹었을 때 과감하게 투자하고, 그들이 열광할 때 차분하게 파는 전략이 필요한 건가요?

아빠: 빙고!

튤립 광풍 Tulip Mania
1630년대 네덜란드에서는 희귀한 튤립 구근의 가격이 과열 투기 속에서 집값을 능가할 정도로 치솟았다가 1637년 급격히 붕괴되었다. 이는 세계 최초의 금융 버블로 불리며, 투기의 위험성을 상징하는 사례로 꼽힌다.

남해회사 거품 South Sea Bubble
1720년 영국 남해회사의 주가가 정부 특혜와 과도한 기대 속에 폭등했지만, 실질적 수익 기반이 부족해 붕괴되었다. 이 사건은 주식 투자 규제와 금융시장에 대한 교훈을 남겼다.

금리 급등과 환율 급등은 위기의 신호

투자의 기회는 위기에서 시작될지도 모른다는 생각을 한 정혁이는 내일까지 제출해야 할 수행평가에 다음과 같은 주제를 정하고 글을 쓰기로 한다.

1997년 IMF 외환위기와 투자 기회

투자자들이 우리나라에서 큰돈을 벌 수 있는 첫 번째 기회였던 IMF 외환위기를 공부하면, 앞으로 새로운 위기가 올 때마다 지금이 돈을 벌 수 있는 기회인지 아닌지 판단하는 데 좋은 참고가 될 것 같기 때문이다.

정혁: 선생님께서 '위험과 기회'라는 키워드를 주고 파워포인트 20장 이내로 만들어 오라고 하셨거든요. 그런데 어제 아빠가 '위기는 곧 투자 기회'라고 하신 얘기를 듣고 고민해 보다가 이런 의문이 들었어요. 그러면 국가의 위기는 뭘 보고 판단하지?

아빠: 하하, 투자를 하려면 일단 투자하는 나라에 별 탈이 없어야겠지? 국가가 위태하면 그 국가의 주식시장도 박살이 날 테니까 말이야. 금융시장에서 국가의 위기 신호는 국채 금리와 환율에서 나타난단다.

정혁: 금리와 환율이요? 어떻게요?

아빠: 채권 중에 국가가 발행한 채권을 '국채'라고 해. 국채를 발행할 때는 사전에 쿠폰 이자율과 만기를 정하지. 채권은 발행하는 날에 태어나 유통시장에서 생애를 누리다가 만기에 영면한다고 했잖아.

정혁: 네, 아빠의 그 비유 덕분에 친구들 중에서 채권을 제대로 이해하는 사람이 저밖에 없다니까요.

아빠: 하하, 다행이다. 그런데 한 가지 알아 둬야 하는 사실은 회사뿐만 아니라 국가도 망할 수 있다는 거야.

정혁: 네? 우리나라도요?

아빠: 그렇지. 만약에 국내 주요 기업들이 망하고 수출로 먹고사는 우리나라에 엄청난 무역 적자가 발생하면, 우리나라 채권을 들고 있는 사람들이 어떻게 생각하겠어?

정혁: 어, 위태위태한데?

아빠: 바로 그거야. 그 순간 채권 투자자들은 '이러다가 나랏빚 못 갚고 망하면 투자한 원금 다 잃겠는데?'라고 생각하면서 가진 채권을 다 팔 거야. 그러면 어떻게 될까?

정혁: 채권 공급이 늘어나니까 채권 가격이 내려가겠죠? 아, 반대로 채권 금리는 팍팍 오르겠네요?

아빠: 정혁이가 제대로 이해하고 있네. 금리는 이전의 흐름과 다르게 급등하고, 주식이든 채권이든 투자한 외국인들은 국내에 있는 자산을 정리하고 외환시장에서 원화를 팔아. 그러면 달러와 비교해서

원화는 어떻게 되겠니?

정혁: 원화 가격이요?

아빠: 응, 지난주에 아빠가 미국 지표가 왜 독립변수인지 말해 줬지? 달러가 기축통화라서 외국인들이 원화를 자기 나라의 돈으로 바꾸려면 반드시 미국 달러를 통해 환전해야 한다고 했잖아. 우리나라의 경우 원화를 달러로 바꿀 때 사용하는 기준을 '원·달러 환율'이라고 한단다.

정혁: 다들 원화를 팔면 공급이 늘어나니까 결국 원화가 싸지겠네요?

아빠: 정혁이 말처럼 원화 가치가 급격히 떨어지면 달러 기준 환율은 가파르게 올라가고, 우리 정부는 '우리나라 문제없어요'라는 의미로 원화를 사고 달러를 팔아. 그러면 또 어떻게 될까?

정혁: 달러를 팔면 우리 정부의 달러 양이 줄어들겠죠?

아빠: 달러 양이 줄어서 더 이상 쓸 수 있는 달러가 없어지면, 달러가 기축통화인 미국을 제외한 모든 나라는 외환위기를 겪게 된단다. 대한민국 정부도 원화 표시뿐만 아니라 달러 표시와 유로 표시 국채를 발행하는데, 가지고 있는 달러나 유로가 없으면 어떻겠어?

정혁: 돈이 없으니, 망할까요?

아빠: 그래서 한 국가의 금융시장이 망가질 때 제일 먼저 발생하는 일이 금리 급등, 그리고 환율 급등(자국 통화가치 하락)이야.

정혁: 그러면 1997년 IMF 때 우리나라도 채권 금리가 급등하고, 환율도 급등했나요?

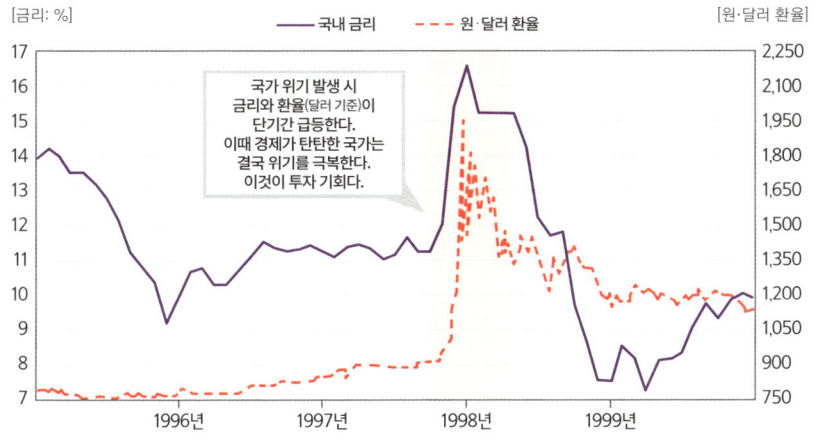

자료: 세인트루이스 연방준비은행

아빠: 맞아. 결국 1997년 11월 21일, 우리 정부는 IMF 구제금융을 받겠다고 선언해. 금리와 환율은 우리나라가 커다란 위기에 빠졌음을 미리 알린, 일종의 알람이었던 거야.

정혁: 투자자들은 주식을 내던지기에 바빴겠네요.

아빠: 아주 난리였지. 그렇지만 우리나라는 '한강의 기적'을 이룬 대단한 나라잖아. 적어도 정혁이 할아버지, 할머니께서는 그 저력을 믿었단다. 대한민국이 다시 일어날 것으로 생각하고 남들이 주식 파느라 정신없을 때 반대로 '대한민국'에 투자하셨어. 할머니가 아빠 이름으로 우체국 예금에 가입했는데, 그때 1년 만기 예금 금리가 25퍼센트였단다.

정혁: 와우, 지금은 1년에 3퍼센트가 채 안 되잖아요?

아빠: 더 놀라운 사실! 정혁이는 할아버지 뵐 때 어떤 느낌이 들어?

정혁: 할아버지는 항상 단정하시잖아요. 머리도 2 대 8로 칼같이 빗으시고… 그리고 검소하시죠! 속옷도 일주일에 한 번 갈아입으신다고 하셨어요. 물값 아껴야 한다고요.

아빠: 평생 공무원 생활하면서 돈 근처도 가지 말라고 하셨던 할아버지가 바로 요 시기에 거액의 퇴직금을 깨서 신생 회사에 투자하면서 대박이 나셨단다. 나중에 아빠 미국 유학도 보내 주셨어, 하하.

- 금융 상품 가격은 언젠가 다시 제자리를 찾는, 평균 회귀의 법칙을 주로 따른다.
- 투자는 일종의 심리 게임이다. 즉 포모 현상이 심할 때는 팔아야 할 적기, 포비 현상이 심할 때는 사야 할 적기일 가능성이 높다.
- 국가의 위기 시그널을 미리 알리는 일종의 자경단 역할은 금리와 환율이 담당한다.

전지적 소비자 시점 심리지표

"아빠, 트럼프가 진짜 관세를 매길까요? 경제 선생님께서 그러시는데, 수입품에 세금을 매기는 관세는 결국 미국에 와서 투자하라는 협상용 카드라는 말이 많던데요?"

"이번에는 그렇지 않은 거 같아. 트럼프가 처음 대통령이 됐던 2017년에 중국을 표적으로 관세를 매겼더니, 똑똑한 중국이 다른 나라를 우회해서 투자하더라는 거야. 그래서 지금은 아예 상호관세를 부과해서 그런 걸 차단하려는 목적이 있는 거지."

"그러면 물건값이 많이 오르겠네요?"

"문제는 물가가 엄청나게 오르는 데 비해서 일반 국민의 소득은 별로 오를 기미가 없다는 거야. 성장이 더디니까 월급을 올려줄 수 없지."

"미국의 CPI(소비자물가지수)라는 게 말이에요. 작년보다 2.5퍼센트 상승했다던가, 2.7퍼센트 올랐다던가 하는 거 뉴스에서 들었어요. 그런데 실제로 어제 친구들하고 분식집에 가서 라면을 먹는데, 사장님께서 4,500원에 먹을 수 있는 마지막 날이라고 하더라고요. 내일부터 5,000원으로 오른대요! 그러면 10퍼센트가 넘게 오른 거 아닌가요?"

"하하, 맞네. 정부에서 발표하는 각종 경제지표가 비교적 정확하게 각국의 경제 상황을 자세히 알려 주긴 하지만, 세세한 '서민의 삶'까지 정확하게 짚어 내는 건 아니니까. 사극을 보면 옛날에도 임금님이 내관 한두 명과 함께 밤늦게 몰래 나와서 백성의 삶을 둘러보고 정책에 반영했다는 내용도 나오는데 말이야."

"에이, 아빠. 옛날엔 24시간 편의점도 없고 가로등도 없었는데, 밤늦게 시찰한다고 과연 백성의 삶을 다 파악할 수 있었을까요?"

"그래서 주식이나 채권 같은 금융 상품을 알맞은 시기에 잘 투자해서 돈을 벌려면, 수많은 소비자의 마음을 제대로 파악해야 해. 과거의 백성이 지금의 소비자나 마찬가지거든. 즉 저가에 매수하고 고가에 매도하려면 소비자가 현재 경제 상황을 어떻게 바라보는지 잘 알아야 해."

"요즘 인기 TV 프로그램 이름과 비슷하게 '전지적 소비자 시점'이 중요하다는 말씀이죠?"

"맞아, 그래서 정부 부처나 권위 있는 민간 기관에서 매월 소비자 샘플을 뽑아서 조사하는데, 아빠가 미국과 우리나라에서 사용하는 지수를 하나씩 소개해 줄게."

미시간대 소비자심리지수

아빠가 말을 이어 나간다.

아빠: 우리가 나라를 되찾은 광복절의 이듬해인 1946년에 미시간대 University of Michigan 조지 카토나 George Katona 교수가 만든 소비자심리 지수가 있는데, 그걸 '미시간대 소비자심리지수'라고 불러.

정혁: 지난주에 학교에서 선배와의 대화 시간을 가졌는데, 어떤 형이 미시간대 경영학과에 합격했다고 했어요! 그런데 이런 유명한 지표가 있는 줄은 몰랐어요.

아빠: 아빠가 대학교 때 대통령 선거가 있었는데, 대통령 후보 중 한 명이 TV 토론을 하면 인사말로 항상 "살림살이 많이 나아지셨습니까?"라고 말했어.

정혁: 혹시 그 지표가 소비자에게 "살림살이가 이전보다 나아지셨습니까?"를 물어보는 거예요?

아빠: 전지적 소비자 시점이라는 게 그런 거잖아. 소비자의 시각으로 현재 경제가 어떻게 움직이고 있는지 물어보고 수치화하는 거지. 이걸 주식시장에 적용하면, 전지적 투자자 시점이 되는 거야.

정혁: '경제가 좋아질 거라는데 주식 투자해야지?'라는 동기부여 같은 건가요?

아빠: 하하, 맞아.

정혁: 이 미시간대 소비자심리지수는 어떻게 구하는 거예요?

아빠: 질문은 크게 다섯 개로 구성되어 있어. 아빠가 보여 줄게.

① 전년 대비 경제적으로 나아졌는지 여부

② 현재 시점 대비 1년 후 경제적으로 나아질 것인지 여부

③ 현재 시점 대비 1년 후 기업 환경이 경제적으로 더 나아질 것인지 여부

④ 현재 시점 대비 5년 후 지속적으로 기업 환경이 나아질 것인지, 아니면 실업률 증가 또는 경기 침체를 예상하는지 여부

⑤ 현재 시점에서 가정에서 사용하는 고가 제품(예를 들어 가구, 냉장고, 가스레인지, 텔레비전)을 구입하기에 좋은 시기인지 여부

정혁: 정말 전지적 소비자 시점에서 "경제 어떻게 될 거 같아?"라는 질문이네요. 이거 라디오 시사 프로그램 같은 데 경제 전문가가 나오면 초반에 진행자가 던지는 질문들 같아요.

아빠: 아빠도 처음에는 저런 질문들을 어떻게 숫자로 나타낼 수 있는지 물음표였어. 그런데 이게 만약 '살림살이가 나아졌는가?'와 '앞으로 나아질 것인가?'라는 질문에 대한 소비자의 답이라면, 주식시장에 미치는 영향은 상당할 거라고 생각해.

정혁: 아빠, 그러면 지금 이 지표가 말해 주는 주식시장은 어때요?

아빠: 트럼프 대통령 취임 이후 상호관세뿐만 아니라 이란과 이스라엘이 붙은 정세 등으로 시끌시끌하지? 그래서 지금 소비자들의 심리

상태는 매우 얼어 있단다.

정혁: 이 지표의 흐름은 어떻게 해석해야 해요?

아빠: 그래프에도 나와 있듯이 트럼프 대통령 취임 직전인 2024년 12월부터 소비자심리지수가 계속 떨어졌어. 미국 주식 역시 트럼프 취임부터 4월 초 상호관세 발표 때까지 계속 하락하거든.

정혁: 아빠, 그런데 지금 미국 주식은 계속 달리고(?) 있잖아요!

아빠: 아빠도 그게 참 미스터리란다. 트럼프가 하도 관세 노래를 불러서 그 영향이 약해졌을 수도 있어. 그런데 아직 수입품에 관세가 본격적으로 적용되지도 않았어. 그러니까 지금은 미국 주식에 투자하지 말자. 기다리면 때가 온단다.

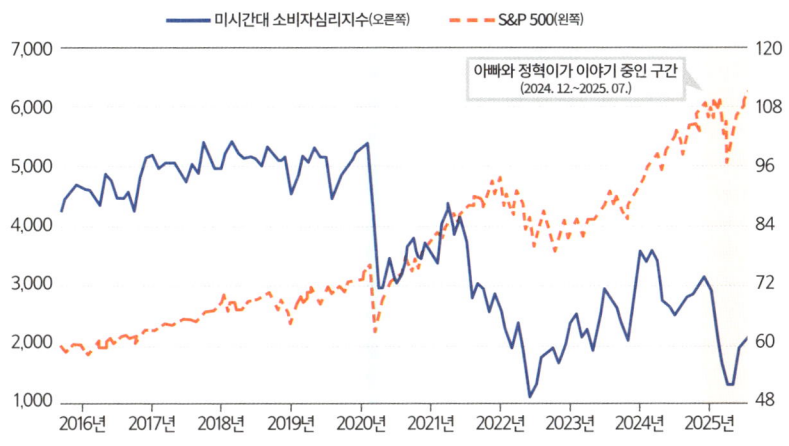

미시간대 소비자심리지수(매월 2회 발표)
(2016. 1. ~ 2025. 7.)

자료: 세인트루이스 연방준비은행

정혁: 아빠, 그러면 나중에 미국 주식에 투자할 때 소비자의 심리가 '좋다' '나쁘다'를 결정할 만한 기준값이 있어요?

아빠: 사실 이 정도 수치면 좋다거나 나쁘다고 말할 만한 절대적인 기준은 없단다. 이 지표는 1966년에 100을 기준으로 상대적인 수치를 보여 주는 거니까, 21세기 이후에 1966년만큼 소비자 심리를 회복하지 못했다고 경기가 침체됐다고 말하지는 않지. 그래서 전 고점을 기준으로 해석하는 게 좋단다.

정혁: 아빠가 보기에 현재 미국의 소비자 심리지표가 좋지 않은데 주식이 오르고 있는 건 분명 잘못된 시그널이고, 그러니까 미국 주식에 투자할 타이밍은 아니라고 생각하시는 거예요?

아빠: 아빠는 그렇게 본단다. 물론 최종 결정과 책임은 투자자들의 몫이지.

정혁: 에이, 무슨 정치인 같은 말씀을… 하하.

한국은행 소비자심리지수

정혁: 아빠, 우리나라는 어때요? 우리도 전지적 소비자 시점이 있어요?

아빠: 우리나라는 한국은행이 매월 말에 발표하는 소비자심리지수 Consumer Sentiment Index, CSI가 있어. 이 지수의 등락에 따라서 우리나라 주가지수도 비슷한 방향으로 움직인단다.

정혁: 한국은행의 소비자심리지수는 어떻게 만들어져요?

아빠: 발표일 전주 약 7일 동안 전국 2,500가구를 대상으로 네 개의 카테고리에 대해 설문을 시행한단다(예: 2025년 8월 발표치는 8월 11일~8월 19일 시행). 이 카테고리가 뭐냐면… 어디 보자.

아빠가 핸드폰으로 한국은행 보도자료를 검색해서 「2025년 8월 소비자동향조사 결과」라는 제목의 파일을 연다.

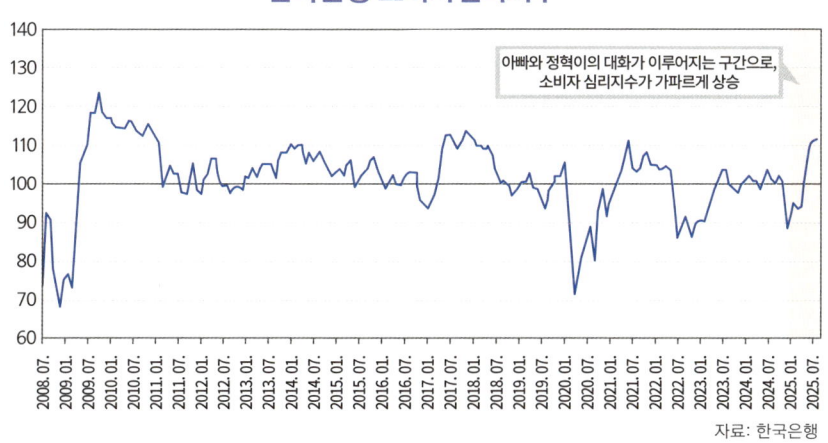

정혁: 아빠, 우리나라 소비자심리지수를 보니 미시간대 소비자심리지수와는 다르게 기준점이 있는 것 같아요.

아빠: 100을 기준으로, 그보다 크면 앞으로 경제가 좋아질 것으로 보고 낮으면 나빠질 것으로 예상한단다.

정혁: 최근 우리나라 소비자심리지수가 갑자기 높아진 건 왜 그런 거예요?

아빠: 그건 2024년 12월에 상상해 본 적도 없던 계엄령 선포로 절망이 가득했는데, 우리나라 민주주의가 빠른 속도로 회복하고 2025년 6월 4일에 새 정부까지 출범하면서 분위기가 좋아졌기 때문이야. 정부가 잘하리라 기대하면서 빠르게 소비자 심리가 회복하고 있는 거야.

정혁: 아빠, 그러면 지금은 우리나라 주식을 사면 안 될 시점이네요? 주가지수가 많이 올랐잖아요.

코스피 지수
(2008. 7.~2025. 9.)

자료: Yahoo Finance

아빠: 우리나라는 저력이 있는 나라야. 과열됐을 때 사면 안 된다는 거지. 소비자 심리가 바닥을 찍고 이제 회복하며 새 정부에 기대하고 있는 단계라서 투자하기에 좋은 기회란다.

정혁: 아하! 그러면 아빠가 주식시장에서 활용하고 싶은 전지적 소비자 시점은 뭐예요?

아빠: 투자 포인트는 '마냥 잘될 거다'라고 낙관론이 팽배할 때와 '뭘 해도 안 된다'라고 비관론이 팽배할 때야. 낙관론이 너무 팽배하면 주식을 팔아야겠다는 판단을 해야 하고, 비관론이 팽배할 때는 도리어 주식을 살 수 있는 결단력이 필요해.

정혁: 그러면 우리나라 소비자들은 대체로 어떤 생각을 가지고 있어요?

아빠: 우리나라 소비자들도 크게 다르지 않아. 경기가 좋을 땐 '앞으로도 계속 잘될 거다'라는 낙관론이 퍼져서 소비도 늘리고 투자도 과감해지지. 반대로 경기가 나쁠 땐 '이제는 아무것도 안 된다'는 비관론이 커져서 지갑을 닫고 투자를 꺼리게 돼. 그래서 투자자는 그 심리의 극단을 잘 포착해야 한단다.

- 소비자 심리는 향후 정부 정책과 금융시장의 방향을 가늠하는 선행지표의 역할을 한다.

- 미국의 대표적인 소비자 심리지표는 미시간대 소비자심리지수이며, 매월 2주차 및 4주차 금요일에 각각 전월 잠정치(2주차)와 확정치(4주차)를 발표한다.

- 우리나라의 소비자 심리지표는 한국은행이 발표하는 소비자심리지수(CSI)이며 100을 기준으로 높으면 낙관론, 낮으면 비관론이 우세한다고 본다.

- 2025년 7월 말 기준, 미국은 관세에 따른 물가 상승 우려 등으로 소비자 심리가 위축된 반면에 주가 수준이 높아 금융시장이 과열되었다고 볼 수 있다.

- 우리나라는 바닥을 찍었던 소비자 심리가 새 정부 출범 후 점차 회복하는 단계로, 주가 역시 심리지수와 동일한 방향으로 움직이고 있다.

전지적 코인러 시점 사이트, 폴리마켓

"아빠, 3월에 학교에서 친구들하고 올해 프로야구 누가 우승할지 내기했거든요. 총 열 명이 참여해서 1만 원씩 걸고, 베팅한 팀이 우승하면 모인 돈 10만 원을 나눠 갖기로 했어요. 그런데 한화 이글스와 롯데 자이언츠가 우승할 거라고 베팅한 친구가 각각 한 명밖에 없는 거예요. 한화 이글스에 베팅한 친구가 돈을 다 쓸어 갈 수도 있을 것 같아요."

"정혁이는 어느 팀에 베팅했니?"

"저는 키움 히어로즈에 베팅했어요."

"하하, 만약 그 팀이 우승권에 있다면 그거 자체가 대박이겠네."

"사실 키움 히어로즈가 다른 팀에 비해 선수층이 얇아서 긴 시즌을 정상적으로 운영하기는 쉽지 않다고 생각했는데, 누구도 여기에 베팅하지 않을 거라고 예상해서 10만 원을 노린 초강수를 둔 거죠."

"우리 정혁이처럼 '야알못(야구를 잘 알지 못함)' 팬 중에는 내기할 때 가능성이 별로 없지만 만약 우승하면 대박인 팀을 노리는 사람들이 있어. 그런데 대부분의 야구팬은 보통 해당 팀의 구성원, 과거 성적 등을 고려해서 이제 우승할 때가 됐다고 판단한 다음 베팅한단다. 나름의 객관적인 기준으로 베팅하는 사람이 많아질수록 정확도가 높아지지.

집단 지성의 결정체

정혁: 사실 친구 일곱 명이 LG 트윈스와 기아 타이거즈를 우승팀으로 꼽더라고요. 각각 재작년과 작년에 우승했고, 투수력이 좋아서 한국시리즈 같은 단기전에 유리하다고 말이에요.

아빠: 정혁이 너 '비트코인'이나 '이더리움' 같은 코인 알지?

정혁: 그럼요. 아직 미성년자라서 우리나라 거래소에서 직접 코인 거래는 못 하지만, 코인에 대한 관심은 지대하죠!

아빠: 이 코인 열기를 그대로 베팅 시장에 옮겨 놓은 게 있어. 바로 '폴리마켓Polymarket'이라는 거야.

아빠가 핸드폰 화면을 보여 준다.

폴리마켓 메인 화면
(2025년 9월 10일 기준)

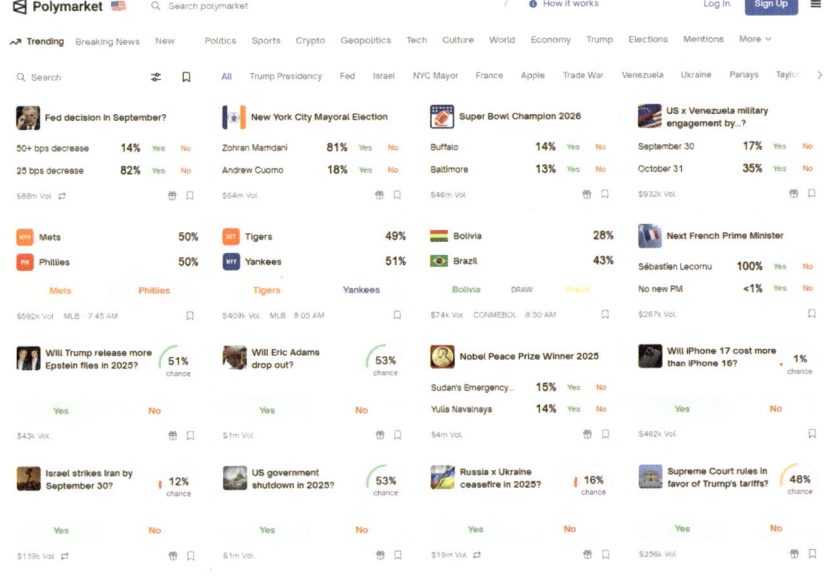

자료: Polymarket

정혁: 우와, 영어라서 완벽하게 이해되지는 않지만 주제별로 투표하는 사이트 같아요!

아빠: 폴리마켓을 창업한 셰인 코플란Shayne Coplan은 설립 배경을 이렇게 설명했어.

- 우리는 확신 없이 의견을 말한다.
- 정보는 왜곡되기 쉽다.
- 사람들은 돈을 걸 때 진짜 생각을 표출한다.
- 그러므로 정보와 진실을 연결 짓는 새로운 방법이 필요하다. 그것이 예측 모델이다.

정혁: 설립 배경이 정말 거창하네요. 누구나 상황을 예측할 수 있다면 참 좋겠지만… 폴리마켓은 언제부터 유명해진 거예요?

아빠: 폴리마켓이 정확하다는 소문은 공공연하게 떠돌고 있었는데, 예측 모델로 유용하게 쓰인 것은 바로 지난 2024년의 미국 대통령 선거였어.

정혁: 아, 트럼프가 대통령이 됐던 그 선거요?

아빠: 대통령 선거 전의 여론조사는 그야말로 막상막하였는데, 대체로 민주당 후보였던 해리스 부통령이 당선된다는 여론이 앞섰단다.

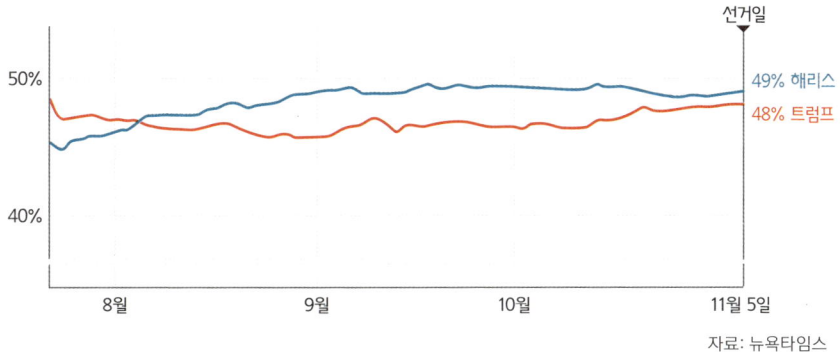

아빠의 '열변'은 계속된다.

아빠: 하지만 폴리마켓에서는 그렇지 않았어. 폴리마켓은 이더리움 기반의 폴리곤이라는 블록체인 메인넷에서 운영되는 탈중앙화 시스템이야. '누가 대통령에 당선될 것인가'에 대한 참여자들의 의견이 왜곡될 우려가 없어. USDC라는 달러와 1 대 1로 페깅pegging(고정)되는, 자신이 보유한 스테이블코인을 걸고 베팅하니까 돈을 따야 하잖아. 매우 절박하면서도 냉정한 의견이 반영될 수밖에 없지. 두 후보의 당선 가능성 추이를 지켜보면, 대선 막바지인 2024년 10월부터는 트럼프가 계속 우위에 있단다.

47대 미국 대통령 선거 베팅 비율 추이
(2024. 1.~2024. 11.)

자료: Polymarket

정혁: 역시 돈을 거니까 솔직해지네요.

아빠: 아무렴, 손실회피 이론이 적용되는 거지.

정혁: 손실회피 이론이요?

아빠: 손실을 지기 싫어하는 건 인간의 본성이야. 돈을 잃기 싫은 사람들은 예측 능력을 최대치로 끌어올려서 베팅하려고 하지. 가능성이 낮은 선택지를 골라서 대박을 노리려 하지 않는다는 말이야.

정혁: 결국 돈을 잃기 싫어하는 속성 때문에 사람들이 솔직한 마음으로 가능성 높은 선택지를 고른다고 이해하면 맞는 건가요?

아빠: 역시 우리 정혁이는 아빠 닮아서 똑똑해, 하하.

폴리마켓으로 시장을 전망하는 방법

정혁: 폴리마켓의 베팅 주제는 어떻게 정해요?

아빠: 일반 사용자가 임의로 정할 수 있는 건 아니야. 주제명, 결과 판정 소스resolution source, 거래 수요 증명 등의 상세 정보를 폴리마켓팀에 제출해서 선정한단다. 주제의 범위는 진짜 자유롭다고 하는데, 혐오 주제는 제외돼.

정혁: 그렇다면 '주식시장이 어떻게 될 거 같아?' '앞으로 경제는 어떻게 될 거 같아?' 같은 투자 관련 주제는 폴리마켓에서 환영하겠네요?

아빠: 물론이야. 폴리마켓에 가 보면 경제와 관련한 다양한 주제가 있어.

아빠가 보여 줬던 폴리마켓의 메인 화면을 다시 보니 다양한 주제에 대한 찬반, 또는 다수 선택지의 확률 분포를 확인할 수 있다(119쪽 '폴리마켓 메인 화면' 참조).

정혁: 금리 움직임이 기업 가치를 결정하고, 기업 가치가 주가와 연결된다고 말씀하셨잖아요. 그래서 저는 미국 연준이 다음번 통화정책회의(연방공개시장위원회Federal Open Market Committee, FOMC)에서 금리를 어떻게 할지 궁금해요. 경제 선생님께서도 세계 경제는 연준이 통화정책을 어떻게 펼치느냐에 따라 좌지우지된다고 강조 하셨거든요.

아빠: 어디 한번 찾아보자. 아, 여기 있다.

연준은 9월에 금리 결정을 어떻게 할 것인가?
(2025. 5.~2025. 9.)

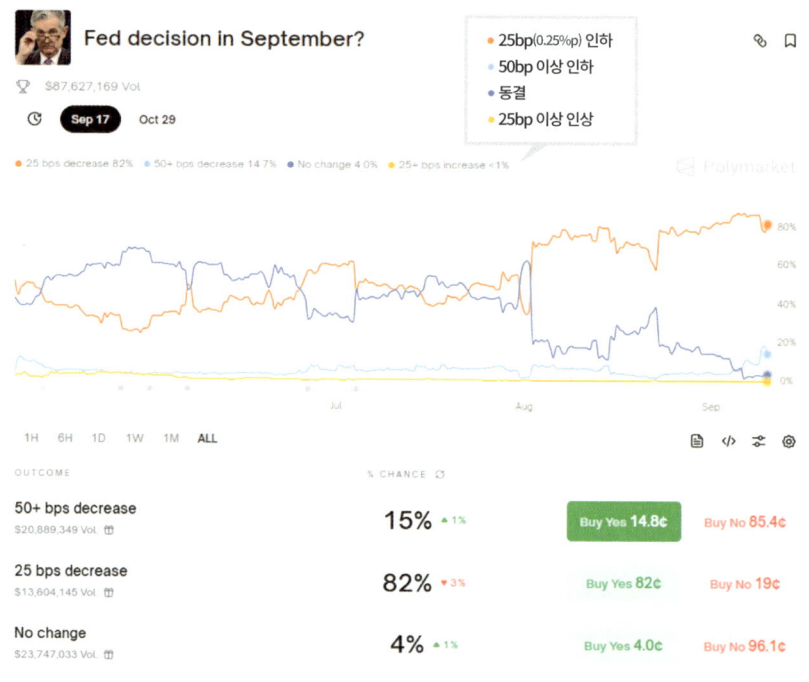

자료: Polymarket

정혁: 이번 통화정책은 약간 인하될 가능성이 높네요.

아빠: 그러면 연준의 총책임자인 제롬 파월Jerome Powell 의장이 어떤 발언을 할지 주목되겠지? 연준 의장의 발언은 주가와 금리에 영향을 미치거든.

아빠가 폴리마켓 메인 화면 검색창에 'powell'을 입력한 후 클릭한다.

파월은 9월 기자회견에서 어떤 말을 할 것인가?
(2025년 9월 12일 기준)

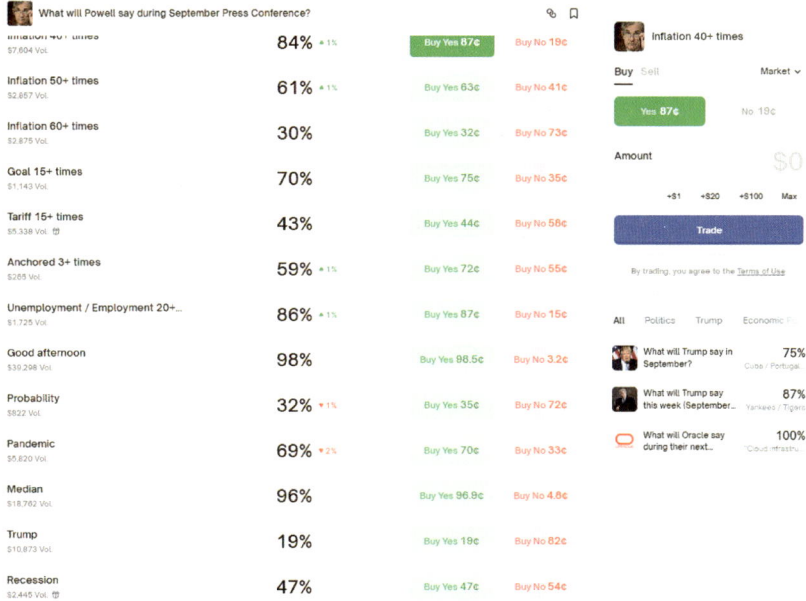

자료: Polymarket

아빠: 베팅한 걸 보니 관세 때문에 물가가 상승할 수 있다고 얘기할 듯하고, 고용 시장은 여전히 괜찮다고 생각할 테고, 경기 침체 가능성에 대해 언급할 거 같은데?

정혁: "안녕하세요Good Afternoon"라고 말할 건 확실해 보이네요. 98퍼센트니까, 하하.

아빠: 하하, 너 아빠 닮아 유머 감각이 뛰어나구나.

아빠가 웃으면서 이야기를 이어 나간다.

아빠: 시장에서 바라보는 연준의 입장은 "관세 때문에 물가가 올라갈 거 같고, 경제는 괜찮은 거 같아서 금리를 동결하겠다"고 말하리라는 거야. 그러면 금리가 안 떨어지니까 주가와 채권 가격은 떨어질 수 있다는 거지.

정혁: 금리 상승으로 주식과 채권이 떨어진다는 거죠? 아직 주식을 맘껏 담기는 어려운 환경일까요?

아빠: '집단 지성'은 그렇게 말하고 있어.

정혁: 아빠, 그러면 주제별로 자기 의견을 어떻게 베팅할 수 있죠?

아빠: 정혁아, 너 뭔가 베팅하고 싶니?

정혁: 네, 아빠. 제가 생각해 본 주제도 있고, 베팅해 보고 싶은 주제도 있어요.

아빠: 안타깝지만 여기까지 알아보는 게 좋을 것 같구나. 우리나라에서는 국가가 지정하지 않은 베팅 사이트는 불법이야. 돈을 걸어서 의견을 내고, 그 의견이 맞았을 때 돈을 받아 가는 폴리마켓은 도박 사이트의 성격이 강해서 우리나라에서는 금지될 가능성이 높아. 우리나라 국민이 돈을 걸 수 있는 건 '스포츠토토'나 '경마'처럼 국가에서 지정한 형태 외에는 안 된단다.

• Tip 폴리마켓 베팅 원리, 그리고 돈을 버는 방법

미국 달러와 일대일로 페깅되었다고 믿는 USDC(써클과 코인베이스가 5대 5의 지분으로 참여한 프로젝트인 센터 컨소시엄Centre Consortium에 의해 개발된 스테이블코인이며, USD 발행자인 써클은 2025년 6월 나스닥에 상장돼 한 달도 안 되어서 공모가 대비 7배 이상 급등했다)로 각 주제별 선택지에 베팅할 수 있다. 선택지에 대해 1주당 '예yes'와 '아니오no'의 합은 무조건 1USDC(1달러)가 되어야 한다.

예를 들어, 미국이 2025년에 경기 침체에 빠질 것인가라는 주제에 관해서 2025년 9월 12일 기준으로 '예'가 14퍼센트다.

미국이 2025년 경기 침체에 빠질 것이냐에 대해 '예'라고 대답한 비중
(2025. 1. ~ 2025. 9.)

자료: Polymarket

만약 참여자가 미국의 경기 침체 확률을 높게 보고 현재 비중(14%) '예'에 베팅하고 싶다면, 유통시장에서 'Buy'에 14센트/주(0.14달러)를 적는다. 이때 거래가 성사되려면 '아니오'에 베팅하는 호가 86센트/주(0.86달러)가 유통시장에 있어야 가능하다.

이 베팅은 설문 조사가 종료되기 전 유통시장에서 자유롭게 팔 수 있는데, 갑자기 미국의 경기 침체 확률이 50퍼센트로 상승하면 '아니오'가 50센트/주에 호가가 존재하는 한 50센트/주에 '예' 베팅을 매각할 수 있다. 이때 베팅 참여자는 1주당 36센트의 수익을 얻는다.

설문 조사가 종료되었을 때, 미국 경제가 침체에 빠지게 되면 14센트/주 '예'에 베팅한 참여자는 '아니오'의 86센트/주의 수익을 독식하게 된다. 따라서 그 수익률은 참여를 위한 비용 차감 전 514%(86/14-1)이다.

- 폴리마켓은 탈중앙화 기반의 베팅 사이트이자 정보 포털 기능을 담당한다.
- 폴리마켓은 특정 이슈에 관한 참여자의 의도적인 편향성을 제거하기 위해 블록체인 기반의 투명한 시스템을 운영하며, 돈을 걸 때 솔직한 의견을 피력할 수 있다는 전제하에 여러 주제에 대한 대중의 의견을 그대로 반영한다.
- 폴리마켓은 기존 베팅 운영 사이트와 달리 유통시장에서 베팅을 매각해 조기에 손익을 확정할 수 있다.
- 폴리마켓을 통해 경제 분야 주제에 대한 코인러들의 생각을 미리 읽어 볼 수 있고, 이를 향후 주식시장 및 채권시장 등의 금융 상황을 파악하는 지표로 사용할 수 있다.

전지적 공급자 시점 심리지표

"소비자랑 코인러들의 심리를 잘 읽고 투자해야 한다는 점은 그럴듯한 것 같아요. 그런데 아빠, 실제로 기업을 가장 잘 아는 건 기업 아닌가요?"

"정혁이 네 말이 맞아. 우리가 너무 최종 단계의 사용자들 중심으로 봤지? 제품을 생산하거나 서비스를 제공하는 기업의 심리는 결국 소비자와 코인러들에게 전달되니까, 공급자인 기업의 심리를 파악하는 게 소비자 심리지표나 폴리마켓의 선행지표가 될 수 있겠구나."

"공급자 심리가 어떻게 소비자 심리로 이어져요?"

"예를 들어, 미국에서 관세를 부과한다고 하면 공급자는 두 가지 중 하나를 선택할 거야. 원래 소비자에게 팔던 가격을 유지하든가, 관세만큼 가격을 올리든가 말이야. 보통은 후자를 선택해. 그러면 물가가 올라가고 소비가 줄어들 거라는 예상을 할 수 있어. 이때 공급자는 '젠장, 물건값이 올라서 소비자가 잘 안 사려고 하네. 회사의 이익이 줄어들 수도 있겠어'라고 한탄하겠지?"

"그러면 기업 실적이 안 좋아질 테니까 투자자도 투자를 꺼릴 거라는 얘기예요?"

"하하, 맞아. 이런 기업들의 반응을 나타낸 조사를 PMI^{Purchasing Manager's Index}(구매관리자지수)라고 해."

미국 공급자관리협회 구매관리자지수

① 지표 계산법

정혁: 아빠, 어떤 지표를 보면 공급자의 시각에서 앞으로의 경제를 바라볼 수 있어요?

아빠: 미국에서 '전지적 공급자 시점'으로 바라보는 대표적인 지표는 ISM^{Institute for Supply Management}(공급자관리협회) PMI란다.

정혁: 아이에스엠이요? '나는 에스엠 가수다' 같은데… 이것도 미시간대 소비자심리지수처럼 정부에서 발표하는 수치가 아니에요?

아빠: 응, ISM은 전미 공급자관리협회야. 우리나라가 일제강점기였던 1915년에 설립됐으니 얼마나 전통과 권위가 있겠니? 미국에만 국한된 게 아니라 전 세계 100여 개국에 걸쳐 약 5만 개 기업이

회원으로 가입한, 공급자 협회계의 IOC^{International Olympic Committee}(국제올림픽위원회) 같은 거야.

정혁: 진짜 전지전능한 느낌이 나는데요?

아빠: 이 협회에서 발표하는 지표가 두 개 있어. 바로 제조업 지표와 서비스업(비제조업) 지표로 나눠서 각각 발표하는데, 요즘 지표를 한번 살펴볼까?

정혁: 지표라면 분명히 숫자로 표현될 텐데, 어떻게 해석해야 해요?

아빠: 아빠가 지표 보는 법을 가르쳐준다는 걸 까먹었네. 정혁이는 50만 기억하면 돼.

정혁: 50이요?

아빠: 소비자심리지수를 계산하기 위한 질문과 비슷한데, 공급자들에게 이렇게 물어본단다. "앞으로 긍정적으로 보는가? 부정적으로 보는가? 아니면 변화가 없을 것으로 보는가?" 그래서 긍정적으로 본다고 하면 100점, 부정적으로 본다고 하면 0점, 아무 변화가 없을 거라고 하면 50점을 부여해서 가중치를 계산하는 거야.

(긍정 응답 비중) × 100% + (중립 응답 비중) × 50% + (부정 응답 비중) × 0%

정혁: 아아, 그러면 50은 '아무런 행동을 하지 않으면, 아무런 일도 벌어지지 않는다' 느낌이네요. 50보다 높으면 긍정적인 의견이 많은 거니까 경제가 좋아질 거라고 해석하면 되나요?

아빠: 역시 우리 정혁이 똑똑하네.

② 지표 구성 요소

정혁: 그런데 기업과 경제 전망만 물어보지는 않을 거 같은데요?

정혁이의 질문이 고등학생이 생각한 거라고는 믿기 어려울 정도로 예리하다.

아빠: 당연하지. 금융시장이나 경제는 대충 넘어가는 게 없어. 당연히 세부 사항을 물어보고, 그러려면 MECE^{Mutually Exclusive Collectively Exhaustive}(상호 배재와 전체 포괄) 원칙에 맞게 분류해서 조사해야 하지.

정혁: MECE가 뭐예요, 아빠?

아빠: MBTI는 알면서 MECE를 모르면 어떡하니? MECE는 분류 항목의 개념이 서로 겹치지 말아야 하고, 항목을 다 더하면 이 세상 진리를 모두 설명할 수 있어야 한다는 원칙이야.

정혁: 아아, 그러면 이 ISM PMI을 구성하는 항목들도 겹치지 않고, 합치면 모든 것을 설명하는 지표인가요?

아빠: 물론이야. 제조업과 서비스업을 조사하는 항목은 조금 다른데, 아빠가 채권 책을 준비하면서 정리한 표가 있으니까 한번 봐 봐.

ISM 제조업 및 서비스업 세부 항목
(지표 산출 기준)

제조업		서비스업	
항목	비중(%)	항목	비중(%)
신규 주문 New Orders	20	신규 주문 New Orders	25
생산 Production	20	경제활동/생산 Business Activity/Production	25
고용 Employment	20	고용 Employment	25
납품 시간 Supplier Deliveries	20	납품 시간 Supplier Deliveries	25
재고 Inventories	20		

자료: 신년기, 「채권의 바이블, 그리고 ETF」

정혁: 아빠, 지표를 제조업과 서비스업 두 개로 나눠서 발표한다고 했잖아요. 어떤 게 더 중요해요?

아빠: 둘 다 중요하지. 그런데 미국은 '소비의 천국'이라고 불려. 공장을 세워서 뭔가 만들어 해외에 수출하는 것보다 해외에 아웃소싱 outsourcing(미국의 제조업 기업이 해외에 공장을 세워서 값싼 노동력을 활용해 미국으로 재수출하는 전략)을 줘서 수입을 많이 하는 나라야. 제조업과 서비스업의 비중을 비교했더니 3 대 7로 서비스업 비중이 높단다.

정혁: 그러면 서비스업 PMI만 보면 되는 거 아녜요?

아빠: 하지만 제조업은 정말 중요해. 영국은 제조업 기반 회사가 다 해외 기업에 팔리고 있어. 정혁이가 좋아하는 재규어 같은 자동차 제조

업체도 인도의 타타모터스에 인수됐거든. 국가 경제가 흔들리고 있는 상황이야. 그래서 트럼프는 오히려 다른 나라 기업한테 미국에서 공장 짓고 생산하라고 압력을 넣고 있어. 안 그러면 관세를 무진장 때리겠다고 하면서 말이야.

정혁: 결국은 둘 다 중요하다는 말씀이네요?

아빠: 당연하지.

③ 현재 지표 해석(2025년 8월 말 기준)

정혁: 그러면 요즘 ISM 지표가 가리키는 미국의 경제, 아니 세계 경제는 어때요?

아빠: 한번 볼까? 아빠가 책을 쓰면서 찾아 둔 그래프가 있어.

chapter 2   알아 두면 유용한 금융시장의 주요 심리지표

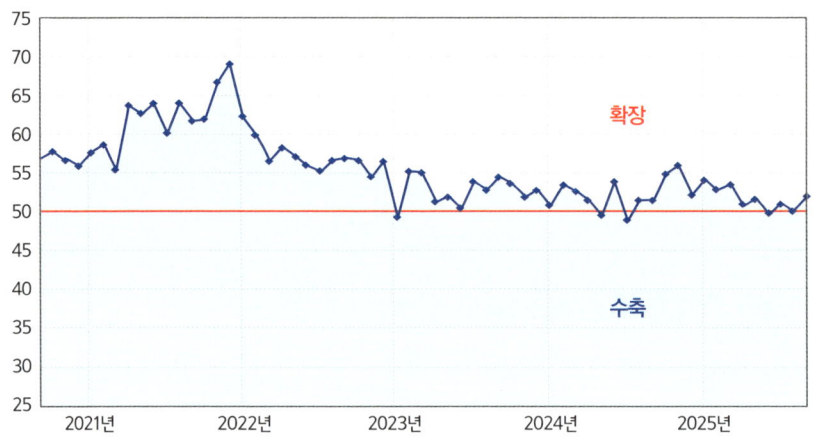

자료: Investing.com

정혁: 제조업은 50 아래에 있고, 서비스업은 50보다 살짝 위에 있네요? 주식에 돈을 넣어야 할까 말까 고민되는데요?

아빠: 제조업은 관세로 인한 물가 상승과 소비 둔화의 영향을 많이 받기 때문에 경기 전망을 안 좋게 보고 있는 반면에, 서비스업은 관세 영향을 덜 받기도 하고 미국 경기가 여전히 견고하다고 믿는 것 같네. 하지만 서비스업도 그렇게 낙관적이라고 볼 수는 없어. 50에서 왔다 갔다 하거든. 이 와중에 주가가 많이 오른 걸 보면, 투자 관점에서는 조심해야 할 때야.

국내 기업심리지수 및 경제심리지수

① 기업심리지수

정혁: 아빠, 우리나라도 미국처럼 전지적 공급자 시점을 잘 설명할 지표가 있어요? 소비자 심리지표에서 CSI가 있는 것처럼요.

아빠: 한국은행에서 발표하는 기업심리지수 Business Survey Index, BSI가 있지. 이것도 제조업과 비제조업(서비스업) 두 개로 나눠서 발표하는데, 우리나라는 어떨 것 같아? 제조업 비중이 더 클까, 비제조업 비중이 더 클까?

정혁: 초등학교 때부터 우리나라는 수출로 먹고사는 나라라고 들었으니까, 당연히 제조업 비중이 높지 않을까요?

아빠: 아빠가 어렸을 때도 선생님이나 어르신들이 늘 하던 이야기였지. "우리나라는 자원 하나 나지 않는데, 어떻게 돈을 아무 데나 쓸 수 있냐" 하고 말씀하셨어. 그래서 저축을 엄청나게 장려하고 과소비를 경계했단다. 지금도 할아버지는 러닝셔츠가 빵꾸 나도 계속 입으시잖니?

아빠가 웃으며 말을 이어 간다.

아빠: 제조업 비중이 높아 보이지만, 우리나라도 경제가 발전하면서 인건

비가 계속 올라가다 보니 동남아시아처럼 인건비가 싼 국가로 공장이 많이 이전해서 생각보다 비중이 높지 않단다. 미국과 비슷한 수준이라고 봐야겠지?

정혁: 그러면 이 지표는 어떤 항목으로 계산해요?

아빠: 제조업은 '업황' '생산' '신규 수주' '제품 재고' '자금 사정' 등 다섯 개 항목, 비제조업은 '업황' '매출' '채산성' '자금 사정' 등 네 개 항목에 대한 담당자들의 주관적인 답변을 기초로 계산한단다. 기준점은 100이고, 그 이상이면 낙관적인 생각이 우세하고 미만이면 비관론이 확산된 상태란다.

정혁: 지금 우리나라의 전지적 공급자 시점이 궁금해요!

아빠: 지난주(2025년 8월 27일)에 발표한 걸 살펴볼까?

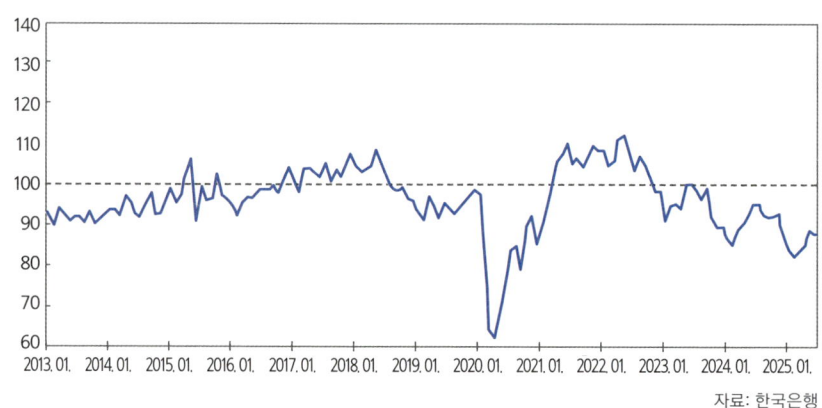

제조업 기업심리지수
(2013. 1.~2025. 8.)

자료: 한국은행

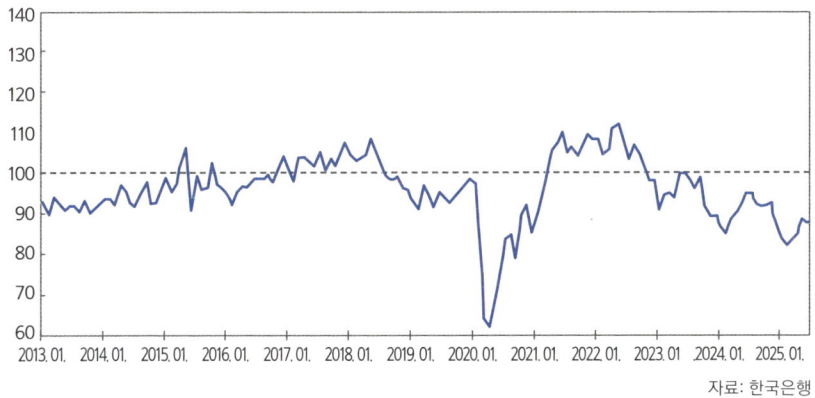

비제조업 기업심리지수
(2013. 1.~2025. 8.)

자료: 한국은행

정혁: 요즘(2025년 9월) 우리나라 주가가 계속 상승하고 있는데도 기업들이 바라보는 시각은 여전히 좋지 않네요. 아직 주식 투자하기 어려운 환경이에요?

아빠: 아빠는 그렇게 생각하지 않아. 기업 활동이 위축되는 이유를 분석할 때는 여러 요인 중에서도 특히 두 가지를 살펴봐야 해. 내부적으로는 규제 이슈를 살펴봐야 하고 외부적으로는 국제 경제, 특히 미국 경제가 어떻게 돌아가고 있는지 살펴봐야 해. 내부적으로 우리나라는 규제가 엄청 세거든. 하고 싶어도 못하는 일이 많아. 우리나라에서 미국의 우버Uber처럼 공유 차량 서비스가 불가능한 이유를 아니?

정혁: 우리나라도 우버택시가 있던데요?

아빠: 맞아, 그런데 우리나라의 우버택시는 택시 기사님이 몰고 다니지.

chapter 2　알아 두면 유용한 금융시장의 주요 심리지표　　139

우리나라에서 자가용 운송으로 돈벌이하려면 택시 자격을 따야 하거든. 하지만 새 정부에서는 이런 규제들이 풀릴 것으로 기대하고 있어서 앞으로 기업 심리는 회복될 거라고 보고······.

정혁: 두 번째로, 외부적 요인인 미국은요? 아빠가 미국 경제 지표가 독립변수고, 우리나라 경제 지표가 종속변수라고 하셨잖아요!

아빠: 잘도 기억하네! 외부적으로는 관세, 지정학적 위험으로 인한 기업 활동 위축 등을 살펴봐야 해. 관세는 트럼프가 옛날처럼 협상의 도구로 다른 나라들에게 양보를 받아 내면서 타협을 보고 있고, 이란과 이스라엘의 갈등 같은 지정학적 위험도 사라지는 추세야. 그러니 외부적 요인으로 인한 기업 심리도 금방 회복될 거로 보여.

정혁: 그러면 주식을 사야겠네요?

아빠: 투자 결정은 투자자가 하고, 책임도 투자자가 지는 겁니다!

정혁: 에이, 아빠 왜 그러세요.

② 경제심리지수

방에서 시험공부를 하던 정혁이가 뭔가 궁금한지 다시 거실로 나온다. 아빠는 그새 프로야구 하이라이트를 시청하고 있다.

아빠: 에이, 우리 삼성 라이온즈는 왜 이렇게 투수가 없는 거야?

정혁: 아빠, 두산 베어스가 이기겠는데요?

정혁이가 아빠를 살짝 약 올린다(실제 2025년 8월 28일 경기에서 삼성은 연장 10회 말 두산의 끝내기 안타로 인해 6 대 7로 패했다).

아빠: 정혁이 넌 다음 주가 시험이라며 이렇게 야구 하이라이트를 보고 있어도 되는 거야? 어여 들어가.

정혁: 아, 아빠! 질문이 있어서 여쭤보고 들어가서 공부하려고요.

아빠: 어떤 질문?

정혁: 전지적 소비자 시점과 전지적 공급자 시점, 이 각각의 시점에서 경제를 어떻게 바라보는지 알게 됐는데요. 결국 그걸 합치면 '전지적 국민 시점'이 되는 거 아닌가요? 우리나라에 그런 통합 심리지표는 없어요?

아빠: 있지. 매월 말에 소비자심리지수와 기업심리지수를 하루이틀 차이로 발표하는데, 당연히 이 두 개를 결합한 지수가 있단다. 이걸 경제심리지수 Economic Sentiment Index, ESI라고 해.

정혁: 이 지표야말로 진짜 우리나라 경제 상황을 바라보는 심리지표일 거 같아요!

아빠: 맞아. 말로만 설명하기 힘드니까 아빠가 정리한 표를 하나 보여 줄게. 다이어리에 꽂아 놨는데 잠깐만.

아빠가 서류 가방 안에서 다이어리를 꺼낸다. 그리고 접어 둔 페이지를 열어서 경제심리지수의 구성 항목들을 보여 준다.

경제심리지수 구성 항목 및 가중치

구분		구성 항목	가중치	
BSI	제조업	수출 전망	15%	45%
		가동률 전망	15%	
		자금 사정 전망	15%	
	비제조업	업황 전망	15%	30%
		자금 사정 전망	15%	
CSI		가계 수입 전망	12.5%	25%
		소비지출 전망	12.5%	

자료: 한국은행

아빠: 각 심리지표 전부를 반영한 건 아니고, 그중 중요한 항목(경기에 민감한 항목)만 뽑아서 ESI를 만든 거야. 우리나라는 소비보다 기업 활동을 중요하게 생각해. 심리지수의 75퍼센트를 기업심리지수 항목들이 차지하고 있는 걸 보면 말이야.

정혁: 아빠, 이 지표도 역시 100을 기준으로 판단하나요?

아빠: 물론이야. 다이어리 다음 장에 이번 달이 포함된 차트를 붙여 놨는데, 이것도 한번 보자.

아빠가 이번에는 그래프를 하나 찾아서 보여 준다.

정혁: 여기 주황색 실선은 뭐예요? ESI 순환변동치? 이게 뭐예요?

경제심리지수 추이
(2013. 1.~2025. 8.)

자료: 한국은행

아빠: ESI에서 계절성과 불규칙 변동치(일회성 이벤트 포함)를 제거해서 산출한 거야. 예를 들어서 아이스크림처럼 여름에 아주 많이 팔리는 걸 그대로 넣으면 아이스크림 매출이 무진장 높게 잡힌단 말이야. 이걸 계절성이라고 하는데, 이렇게 추이를 볼 때는 계절에 따른 생산 및 매출의 증감 효과를 빼야 경제 상황을 제대로 볼 수 있어.

정혁: 아아, 그런데 ESI든 계절성을 뺀 순환변동치든 100을 넘지 못하네요.

아빠: 2022년 이후 계속해서 100을 밑돈 걸 보면, 우리나라 경제 상황을 되게 암울하게 본 것 같아. 모쪼록 이번 정부가 터널을 거의 빠져나올 때 느끼는 희미하지만 분명히 밝은 빛의 희망을 경제 주체인 공급자와 소비자 모두에게 팍팍 주면 좋겠다.

- 미국의 대표적인 공급자 시점의 심리지표는 ISM 제조업 및 비제조업(서비스업) PMI이다.
- ISM PMI는 회원 기업의 담당자에게 경제가 좋아질지 여부를 설문하는 것으로 긍정적이면 100, 부정적이면 0, 변화가 없다면 50의 가산점을 주어 산출한다.
- ISM이 50을 넘으면 경기 확장을, 그 미만이면 경기 둔화를 나타낸다.
- 미국의 ISM 제조업 및 서비스업 지수는 모두 50 근처에 있으며 추세적으로 정체(제조업) 및 하락(서비스업)의 모습을 보인다.
- ISM의 다소 비관적인 전망에도 높은 주가 수준은 신규 진입을 꺼리게 한다.
- 우리나라에는 한국은행이 매월 말 발표하는 기업심리지수가 있으며 100을 기준으로 이보다 높으면 낙관론, 낮으면 비관론이 우세한 것으로 본다.
- 소비자심리지수와 기업심리지수를 합한 것이 경제심리지수이며, 이는 계절성과 일회성 이벤트 등의 불규칙한 변동치를 제거하는 순환변동치 중심으로 해석해야 한다.
- 2025년 8월 말 기준 ESI 순환변동치는 92.4로 '전지적 공급자 시점'에서 여전히 향후 경기 전망은 비관적이지만, 그래프는 바닥을 찍고 상승하는 모습을 보이고 있다.
- 바닥을 찍고 상승하는 모습의 선행지표는 향후 '전지적 국민 시점'의 주식시장에 대한 심리가 개선될 거라는 전망을 가능케 하며, 앞으로 우리나라 주식시장이 투자를 확대할 수 있는 환경이 될 것으로 기대된다.

전지적 투자자 시점 심리지표

"아빠, 전지적 소비자와 전지적 공급자 시점에서 심리가 바닥으로 갈수록 투자 적기일 가능성이 높다고 말씀하셨잖아요. 그런데 한 가지 아쉬운 게 있어요."

"그게 뭘까?"

"미시간대 소비자심리지수나 ISM PMI, 그리고 우리나라 소비자 및 기업심리지수가 예측 지표로 유용해 보이긴 하지만 저는 매일매일 확인할 수 있는 지표가 있으면 좋겠어요. 그래야 실시간으로 주식시장에 참여해도 되는지 잘 판단할 수 있을 거 같아요."

"폴리마켓처럼 실시간으로 반영되는 플랫폼 하나로는 안 되겠니?"

"폴리마켓은 경제 관련한 주제가 올라와야 의미가 있잖아요. '메이저리그에서 어느 팀이 우승할까?' 같은 주제만 있으면 앞으로 금융시장이 어떻게 움직일지 알 수 없을 테니까, 저는 매일매일 점검할 수 있는 심리지표를 통해서 주식시장을 예측하는 게 더 정확할 것 같아요."

아빠가 다른 화제로 대화를 이어 나간다.

"코로나19 팬데믹 때, 아빠는 우리나라 개미(소액 투자를 하는 개인 투자자를 의미)들이 테슬라 같은 미국의 성장기업에 투자하는 모습이 감동이었어. 2020년 3월은 내일 세상이 망하더라도 이상하지 않던 시절이었는데, 개미들은 저가 매수의 기회라며 '줍줍' 하더라고. 그런데 주식투자만 20년 넘게 했던 선배님이 한 말을 아직도 잊을 수가 없어."

"뭐라고 하셨는데요?"

"선배는 '역사적으로 봤을 때 고비가 있으면 항상 중앙은행이 뒤에서 구원의 손길을 내밀었다'라고 말씀하셨지. 지금 미국이나 우리나라의 주식시장 기울기를 보면 대체로 우상향하는 모습을 보이잖아. 인류는 매번 발전하지만 중간중간 고비가 있지."

"철학적인 얘기 같아요."

"아빠가 계속 얘기했듯이 금융시장 참여자들이 극단적으로 공포에 질렸을 때가 '투자의 적기'라고 말하는 거야. 이걸 계속 되뇌어야 해."

시카고옵션거래소 변동성지수

정혁: 주식시장에서 공포를 측정하는 지표가 있어요?

아빠: 있고말고. 미국의 대표적인 주가지수인 S&P 500을 기초로 만든 '공포지수'가 있어. 약어로는 VIX라고 해.

정혁: 이름이 꼭 중세 시대 때의 숫자 같아요.

아빠: 아빠도 '루이 16세의 16세 표기인가'라고 생각했었지, 하하.

정혁: 그러면 이 지표는 어떻게 만들어진 거예요?

아빠: 공포지수는 별칭이고, 원래는 시카고옵션거래소 변동성 지수 Chicago Board Options Exchange Volatility Index, VIX를 말한단다. 이 지표는 S&P 500 지수의 콜옵션과 풋옵션 가격을 이용해서 만들어. 옵션이라는 단어의 의미는 정혁이도 잘 알지?

정혁: 네, 잘 알죠. 담임선생님께서 학기 초에 이렇게 말씀하신 적이 있어요. 지금도 수학 점수가 높아서 좋은 학교 가는 데 지장은 없지만, 서울대를 가기 위해서는 '미분과 적분'을 반드시 할 줄 알아야 한다면서… 그 과목이 저의 점수를 높이기 위한 '옵션'이라고 하셨어요. 옵션은 '선택권' 아닌가요?

아빠: 그렇지. 옵션은 해도 되고 안 해도 그만인 선택권인데, 여기서는 두 가지 옵션이 있어. 콜옵션과 풋옵션.

정혁: 아빠가 채권에 관해 설명할 때 알려 주셨잖아요. 콜옵션은 채권 발행자가 원금을 상환할 권리, 풋옵션은 채권 보유자가 돈을 갚으라고 요구할 수 있는 권리라고요.

아빠: 하하, 그런데 여기서는 다른 의미로 쓰인단다. S&P 500의 콜옵션은 앞으로 이 지표가 상승할 것으로 생각하고, 미리 정한 가격(행사

가격)에 지수를 '매수'할 권리를 뜻해. 반대로 풋옵션은 이 지표가 하락할 것으로 생각하고, 미리 정한 가격에 지수를 '매도'할 권리를 의미한단다.

정혁: 아아, 상황마다 용어 정의가 다르네요.

아빠: 이 지표는 측정하는 시점으로부터 만기가 30일 내외인 여러 행사가격의 S&P 500 옵션들을 선택해 가중평균하고 연환산 변동성으로 환산하는 거야.

정혁: 너무 복잡해요. 투자자한테는 VIX가 공포지수라고 하는데, 그래프가 어떻게 생겼길래 공포를 느끼나요?

아빠: 정혁아, 우리나라에 365일 태풍이 부니?

정혁: 아뇨, 오늘도 날씨가 좋잖아요.

아빠: 태풍, 집중호우, 폭설, 지진 등의 기후변화는 가끔 일어나는 현상이지만 한번 발생하면 수많은 사상자와 재산 피해를 불러올 수 있기 때문에 예보가 매우 중요해. 공포지수는 바로 그런 예보의 성격을 갖고 있어. 평소에는 고요한 바다 물결처럼 낮은 수준에서 특별한 변동 없이 흘러가. 그런데 때로는 사람보다 몇 배나 큰 파도를 맞이하기도 한단다. 언제가 그런 시기일까?

정혁: 그런 시기라면 가격이 크게 오르거나 떨어질 때겠네요?

아빠: 그렇단다. VIX는 평소에 20 아래서 평화로운 시기를 보내다가 예상치 못한 위험('꼬리위험 Tail Risk'이라 함)이 발생하면 위로 뾰쪽하게 솟은 모습을 보인단다.

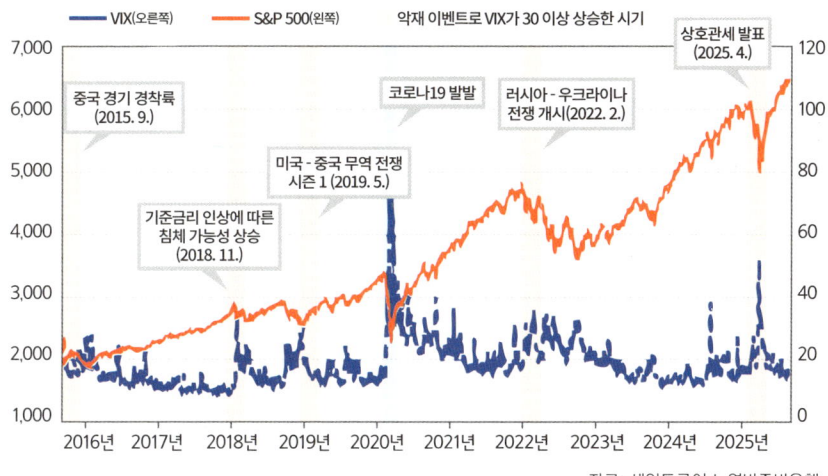

정혁: VIX가 높이 솟은 시기에는 주가가 하락했네요?

아빠: '설마 폭풍이 오겠어?' 하고 방심한 투자자들이 폭풍을 맞고 '묻지 마 매도'를 했던 시기지.

정혁: 그러면 'VIX가 심각하게 올랐다'고 여기는 기준치가 있을까요?

아빠: 일반적으로 30을 넘으면 시장의 불안감이 커진다고 보고, 40을 넘으면 '공포 구간'으로 해석한단다. 실제로 2008년 9월 글로벌 금융위기 때는 최고 89, 2020년 코로나19 팬데믹 절정기 때는 82까지 상승한 적이 있어. 소위 서학개미(국내 주식에 투자하는 '동학개미'와 대비되는 개념으로, 미국 등의 해외 주식에 투자하는 개인 투자자)들이 미국

주식을 집중적으로 매수했던 게 바로 이런 시기였지. 이런 시기는 우리에게 투자할 수 있는 절호의 기회지.

정혁: 그렇지만 갑자기 뾰족하게 솟은 그래프를 보면 머리로는 투자해야 할 시기라는 걸 알아도 떨려서 못할 거 같아요.

아빠: 그래서 전설적인 투자자 워런 버핏은 이렇게 말했지. "남들이 공포에 떨 때 탐욕을 부리고, 남들이 탐욕을 부릴 때 공포를 느껴라."

CNN 공포탐욕지수

정혁: VIX만 보면 지금(2025년 9월 9일) 15.04 정도니까 투자자들이 심리적으로 두려워하는 단계는 아니네요.

아빠: 평온한 상황이지. 하지만 트럼프 대통령이 어떤 말실수를 하는지에 따라 한바탕할 수도 있으니까 경계하고 있는 상황 아닐까 싶은데?

아빠가 핸드폰 화면을 보여 준다.

아빠: VIX 말고도 투자자들의 심리를 나타내는 지표가 있어. CNN이라는 방송국에서 개발한 '공포탐욕지수'인데, 대시보드는 요렇게 생겼어.

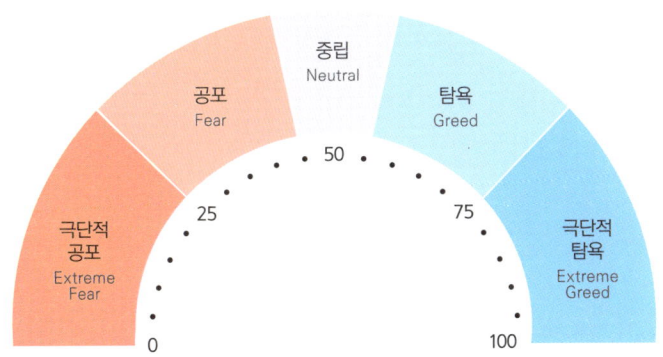

자료: CNN

공포탐욕지수 점수별 구분

- 극단적 공포: 0~25
- 공포: 25~45
- 중립: 45~55
- 탐욕: 55~75
- 극단적 탐욕: 75~100

정혁: 오, 이건 투자를 잘 모르는 초보자가 봐도 어렵지 않겠어요.

아빠: 그렇지. VIX는 투자자들의 심리를 어느 정도 파악할 수 있지만, 절대 지수라서 숫자의 높고 낮음을 객관적으로 판단하기 어려워. 그래서 투자자들의 심리 상태를 상대적으로 파악할 수 있는 공포

탐욕지수가 유용할 때가 있단다.

공포탐욕지수와 S&P 500의 최근 1년 추이를 보면, 탐욕이 절정에 달할 때 S&P 500 지표가 정점에 있다가 공포에 질려서 떨어지는 모습을 보여 왔어.

공포탐욕지수와 S&P 500 지표 추이
(2024. 9.~2025. 9.)

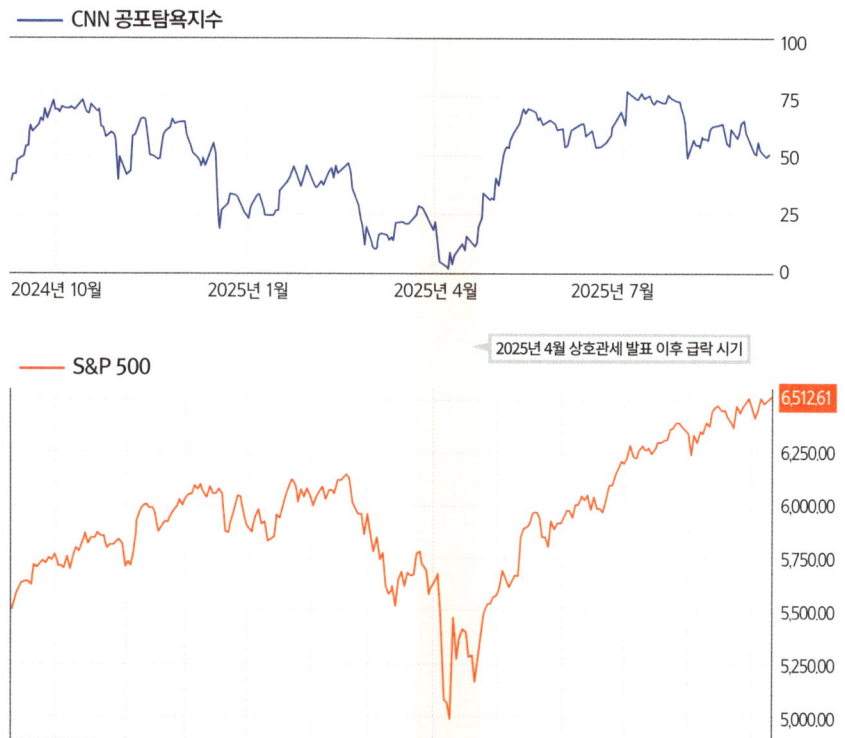

자료: Yahoo Finance

정혁: 아, 그러네요. 그리고 지금 투자자들의 심리는 '주식 투자하면 돈을 벌 수 있다'는 신념이 다시 강해진 거 같아요. 탐욕 상태에서 호시탐탐 주식을 노리고 있으니까요.

아빠: 이런 심리는 포모, 즉 투자하지 않으면 소외될 수 있다는 절박감이라고 표현할 수 있겠지? 강태공처럼 고요한 연못에서 언제 낚일지 모르는 물고기를 잡으러 낚싯대를 던져 보자고. 언젠가는 잡히지 않겠어?

• Tip • 공포탐욕지수를 산출하는 7개 항목

- **시장모멘텀:** S&P 500 지수가 125일 이동평균선보다 위에 있을 경우 시장을 긍정적으로 봄
- **주가 강도:** '52주 최고가 경신 종목 수 - 52주 최저가 경신 종목 수'가 클수록 낙관적
- **주식수의 폭:** '상승 종목 거래 규모 - 하락 종목 거래 규모'가 클수록 긍정적
- **풋옵션·콜옵션 비율:** 5일 평균 풋옵션·콜옵션 비율이 1보다 클 경우 약세, 1보다 작을 경우 강세

- 시장변동성: VIX가 50일 이동평균보다 클 경우 시장을 부정적으로 봄
- 안전자산 수요: 20 거래일(주식 수익률 − 채권 수익률)이 클수록 긍정적
- 하이일드 채권 수요: '투자 등급 − 하이일드 수익률'의 차이가 작아지면 시장을 긍정적으로 보고 위험을 감수하려는 성향을 보임

※ CNN 공포탐욕지수의 지표 구성 요소 계산 등은 '신년기, 『20년차 신부장의 금융지표 이야기』' 참조

뱅크오브아메리카 글로벌 매니저 설문 조사

정혁: VIX나 CNN 공포탐욕지수는 전문가든 비전문가든 금융시장에 참여하는 모든 사람의 생각을 담은 집단 지성의 결과잖아요. 그런데 오로지 투자를 업으로 삼는 전문가들의 생각을 뽑아서 담은 지표는 없을까요?

아빠: 사실 아빠처럼 투자를 업으로 삼는 사람들은 내부 세미나 같은 걸 통해서 다른 기관투자자들과 생각을 공유하는 일이 많아. 그래서 일반인들에게는 잘 알려지지 않지.

정혁: 그러면 아빠한테 많이 여쭤봐야겠어요.

아빠: 정혁아, 전문가라는 사람들이 금융시장의 미래를 제대로 맞추는 거 봤니? 전문가 개인의 의견은 비전문가보다 합리적인 근거를 바탕으로 구성됐을 뿐이야. 절대 결과를 맞출 수 없어. 차라리 월드컵 때 승부를 맞췄던 문어가 더 나을 수도 있어.

정혁: 그래도 설문 조사를 통해서 전지적 소비자 시점과 전지적 공급자 시점을 알아냈던 것처럼, 전문가를 대상으로 하는 설문 조사가 있을 법도 한데요?

아빠: 하나 있긴 해.

정혁: 어떤 거요?

아빠: 뱅크오브아메리카Bank of America, BOA라고, 미국 2위 규모의 대형 은행에서 매월 글로벌 기관투자자를 대상으로 앞으로의 경제 및 금융시장 전망을 물어보는 설문 조사를 진행해. 하지만 민간 기업에서 만든 자료라서 BOA와 비즈니스 관계를 맺지 않으면 조사 결과가 포함된 보고서를 받을 수 없어. 즉 일반인에게는 접근이 제한된단다.

정혁: 그러면 우리는 볼 수 없는 거예요? 너무 치사하네요.

아빠: 아빠도 BOA 채권 세일즈 직원을 통해서 매월 받기는 하는데… 일반인도 볼 수 있는 사이트가 없을까 찾다가 여길 발견했어. 제한적이기는 하지만 대략적인 경제 전망을 알 수 있는 사이트야.

아빠가 핸드폰으로 사이트에 접속한다.

'헤지펀드팁' 사이트 메인 화면
(2025년 8월 기준)

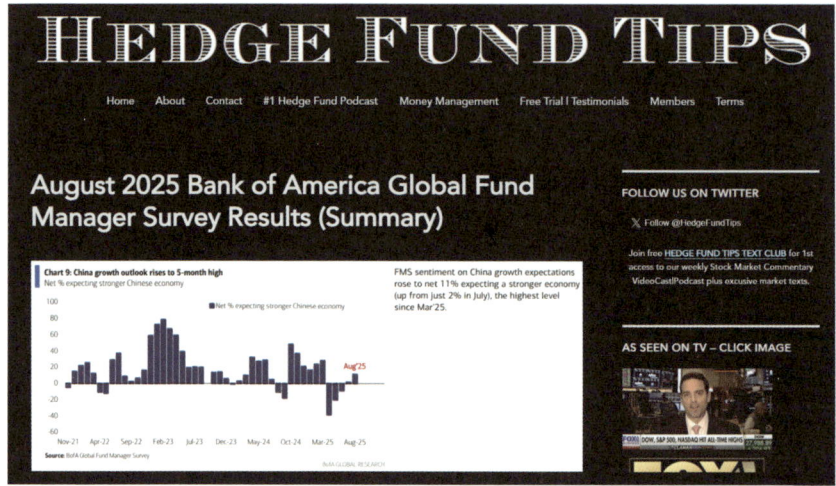

자료: Hedge Fund Tips

아빠: 헤지펀드팁Hedge Fund Tips이라는 사이트에 들어가면 전 세계 글로벌 펀드 매니저들의 생각을 알 수 있는 여러 항목을 볼 수 있어. 공개되는 정보가 제한적이기는 하지만, 글로벌 펀드 매니저들이 생각하는 장기 투자 계획이나 현재 심리 상태들을 파악할 수 있지.

정혁: 가장 위에 있는 이 차트는 중국 경제에 대한 예측인가요?

아빠: 맞아. 이 사이트는 매달 제일 앞에 내세우는 내용이 달라지는데, 지난달(2025년 8월)에는 중국의 성장에 관해 중요하게 다뤘네? 중국의 경기 전망을 좋게 보는 글로벌 매니저 답변 비율이 최근 5개월 중 가장 높았어.

아빠가 페이지 스크롤을 내리면서 차트를 넘긴다.

아빠: 정혁아, 여기 투자자들의 심리 상태를 나타내는 그래프 봐 봐. 트럼프가 상호관세를 발표한 2025년 4월에 바닥을 찍고 다시 올라오고 있는 모습이야.

투자자 심리 상태 추이(높을수록 낙관적)

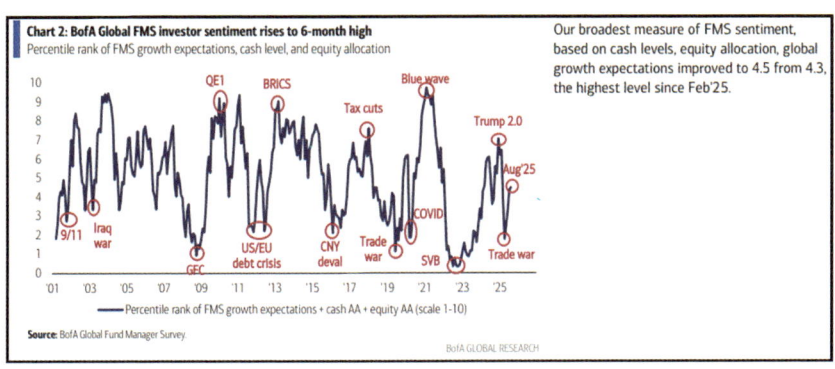

자료: Hedge Fund Tips

정혁: 회복 단계예요?

아빠: 아니! 그 아래 글로벌 펀드 매니저들이 바라보는 12개월 후 경기 상태 추이를 보면 걱정이 가득한 거 같아.

12개월 후 경기 상태 추이(높을수록 호황 예측)

자료: Hedge Fund Tips

정혁: 그런데 아빠, 워런 버핏 할아버지가 작년 말부터 현금 보유를 늘렸다는 기사를 봤어요. 이렇게 시장이 안 좋다고 생각하면 글로벌 펀드매니저들도 현금 보유량을 늘려야 하는 거 아녜요?

아빠가 스크롤을 내리면서 이야기한다.

아빠: 또 그렇지는 않아! 지난 4월 상호관세 발표 후에 급격히 냉각됐던 시장이 좀 풀리는지 글로벌 펀드 매니저들의 현금 보유량이 3개월 내 최저라고 하네.

글로벌 펀드 매니저 현금 보유량
(현금 보유량이 많을수록 주가가 떨어질 것으로 판단하고 기관들이 투자를 회수하는 경향을 보임)

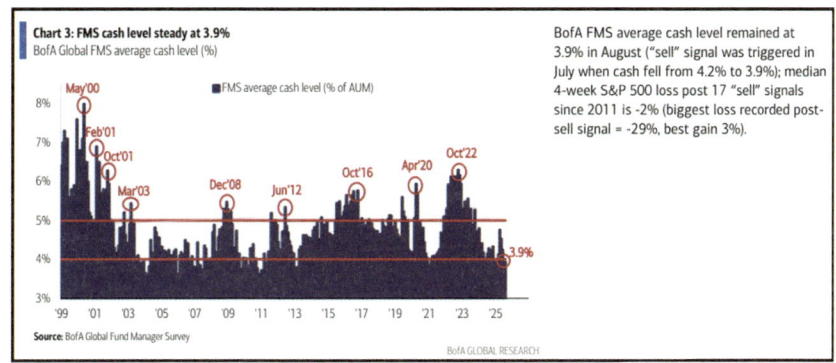

자료: Hedge Fund Tips

정혁: 경제 상황은 별로 좋아 보이지 않는다고 하면서도 현금 보유량을 줄이고 있다는 건, 계속해서 투자할 의지가 있다는 거네요? 아까 공포탐욕지수에서 계속 탐욕으로 유혹하고 있는 게 기관투자자들 아녜요?

아빠: 하하. 동상이몽 같은 현상이지. 동일한 금융시장에서 2025년 4월처럼 주가 급락이라는 똑같은 현상을 목격하고도 서로 다른 생각을 할 수 있단다. 어떤 사람은 적기라고 생각해서 투자 비중을 높이고, 어떤 사람은 불안해서 현금으로 바꾼 다음 기회를 엿볼 수도 있다는 말이지.

정혁: 그렇다면 모든 심리지표가 동일하게 탐욕으로 치닫는 그날까지 기다려 봐야겠어요. 저는 그사이에 좋은 대학에 가서 아빠보다 더 훌륭한 기관투자자가 될 거예요!

- VIX는 미국의 대표 주가지수인 S&P 500의 30일 이내 만기 콜옵션 및 풋옵션을 이용해 산출한 변동성지수로, '공포지수'라고 불린다.
- VIX는 30 이상이면 시장 불안감이 커지고, 40 이상이면 공포 구간으로 해석한다.
- CNN 공포탐욕지수는 0~100 범위에서 투자자 쏠림 정도를 측정하는 상대적 지표다.
- VIX는 투자자들의 주관적인 판단이 필요한 반면, CNN 공포탐욕지수는 객관적인 지표로 직관적으로 해석하기 쉽다.
- 미국의 대표적인 투자·상업 은행인 BOA에서 실시하는 글로벌 펀드 매니저 설문 조사는 총 4,750억 달러를 운용하는 197개 기관투자자를 대상으로 진행한다(2025년 8월 기준).
- VIX와 CNN 공포탐욕지수는 금융 상품을 통해 산출한 정량적인 지수이며, 글로벌 펀드 매니저 설문 조사는 투자를 전문으로 하는 기관투자자의 시각을 나타낸 정성적인 자료다.

chapter 3

채권의 원리를 응용해서 주식에 투자하라

주주환원 정책을 펼치는 기업
(feat. 쿠폰 이자)

> 삼성전자, "3.9조 자사주 매입"
>
> …2.8조는 소각해 주가 부양

"실적이 예상보다 안 좋으니 자사주를 매입할 수밖에."

아빠가 아침 신문을 보면서 혼잣말로 중얼거린다.

"아빠, 식사하세요. 어? 삼성전자 뉴스네요."

"응, 주식시장에서 거래되는 자기네 주식을 자기네가 산다고 하네."

"뭐 그런 해괴망측한 일이 있어요? 돈이 필요해서 발행한 주식을 발행한 회사가 직접 사서 거둬들인다고요? 돈이 생기면 공장을 짓거나 장비에 투자하고 직원들 월급 주는 데 써야지, 왜 자기네 주식을 사요?

돈 낭비 아니에요?"

"하하, 이게 모두 주식 가격을 높이기 위한 '주주환원 정책'의 일환이란다."

"네? 이렇게 자기네 주식을 직접 사는 게 주식 가격을 높인다고요? 주주환원 정책이요? 그게 무슨 뜻이에요?"

주식 투자를 하는 이유

아빠: 정혁아, 아빠가 채권 운용을 오래 하면서 저절로 주식 투자를 하게 된 계기를 설명했지?

정혁: 네, 아빠. 채권 투자를 하면서 가격이 떨어져도 결국 제자리를 찾는다는 걸 알게 됐다고 하셨잖아요.

아빠: 맞아. 그래서 정혁이에게 각종 심리지표를 알려 줬지. "공포에 사고, 탐욕에 팔아라" 하면서 말이야. 그런데 아빠가 주식 투자를 하는 중요한 이유가 있단다.

정혁: 오, 어떤 건데요?

아빠: 회사는 주주를 위해 존재한다는 거야.

정혁: 순간 아빠가 소크라테스인 줄… 너무 철학적인 얘긴데요? 무슨 말인지 좀 어려운 것 같아요.

아빠: 하하, 그런가? 채권 투자자들은 왜 채권을 살까?

정혁: 금리가 떨어질 걸 기대해서요?

아빠: 물론 금리가 떨어지면 매매 차익을 얻으려는 이유도 있지. 하지만 가장 큰 이유는 돈을 빌린 회사가 채권을 발행해서 투자자에게 주기적으로 이자를 지급하기 때문이야. 안정적으로 최소한의 수익을 얻을 수 있다는 건 마음을 편하게 하거든. 돈을 잃을지도 모른다는 걱정 대신, 재산이 조금씩이라도 불어나고 있다는 느낌은 심리적인 안정을 주지.

엄마: 미역국 식겠어. 다들 빨리 와서 아침 식사해요.

엄마가 아침밥을 재촉하는 소리가 들린다.

아빠: 우리 어디까지 얘기했지?

식사를 마친 후 아빠가 거실에서 정혁이에게 대화의 진도를 확인한다.

정혁: 엄마가 미역국 식겠다고 말씀하신… 아, 채권에 투자하는 이유가 이자를 받기 때문이라고 하셨어요.

아빠: 그래, 이자라는 게 사실은 채권 발행자가 돈을 빌려준 채권 투자자에게 주는 일종의 '강제적 보답'이라고 할 수 있어. 주식도 마찬가지란다. 회사는 돈을 들고 있는 사람들에게 이렇게 이야기를 하지.

"저희가 발행한 주식을 사면, 여러분은 투자한 만큼 저희 회사의 주주로서 주요 경영 활동에 참여할 수 있습니다. 여러분이 저희를 믿고 투자해 준 소중한 자산에 대해 반드시 이익으로 보답하겠습니다."

정혁: 회사가 돈을 벌면 주식을 산 사람에게 어떻게 보답해요? 채권의 개념을 설명해 주실 때, 회사가 망해도 채권 투자자는 주식 투자자보다 먼저 남은 재산에서 돌려받을 수 있다고 하셨잖아요. 게다가 채권 투자자는 회사가 돈을 못 벌어도 무조건 이자를 받을 권리가 있다고 하셨어요. 그러면 주식 투자자는 갖고 있는 주식 가격이 올라가길 기다릴 수밖에 없잖아요.

아빠: 회사도 주식이 시장에서 비싸게 거래되기를 바란단다. 주식이 비싸게 거래된다는 건 사업이 잘돼서 기업 가치가 올라갔다는 의미니까 말이야.

그리고 회사가 돈을 많이 벌면 그중 일부를 주주의 이익을 위해 사용한단다. 마치 채권 투자자에게 이자를 지급하는 것처럼 말이야. 이렇게 회사가 벌어들인 이익의 일부 또는 전부를 주식 투자자들에게 보답하기 위해 쓰는 것을 주주환원 정책이라고 해.

정혁: 그러면 주식 투자자도 채권 투자자처럼 이자를 받을 수 있다는 말씀이세요??

주가 유지를 위한 최소한의 보답, 자사주 매입

아빠: 물론이야. 단, 직접 현금으로 받을 수도 있고 삼성전자의 자사주 매입 같은 정책으로 주가를 상승시킬 수도 있어.

정혁: 현금을 받는 건 이해되는데, 자사주 매입이라는 걸 통해서 주가를 올린다는 게 뭔지 모르겠어요.

아빠: 자, 기사를 마저 읽어 보자.

참고 기사

삼성전자가 2분기 시장예상치보다 크게 낮은 실적을 발표한 8일 3조 9,119억 원 규모의 자사주를 매입한다고 밝혔다.

삼성전자는 이날 이사회 결의에 따라 보통주식 5,688만 8,092주(3조 5,099억 9,527만 원), 기타주식 783만 4,552주(4,019억1,256만 원) 규모의 자사주를 취득한다고 공시했다. 금액은 전날 종가 보통주 6만 1,700원, 우선주 5만 1,300원을 기준으로 산정했다.

이 중 2조 8,119억 원은 주주가치 제고를 위해 소각해 주가를 부양할 예정이다. 나머지 1조 1,000억 원은 임직원 상여 등에 활용한다.

소각은 빠른 시일 내에 적절한 시점을 정해 시행할 계획이다. 임직원 주식 기준 보상을 위한 처분 시점과 처분 주식 수 등은 향후 이사회에서 결의해 공시

할 예정이다.

앞서 삼성전자는 경영성과 창출을 위한 임직원 동기 부여와 회사 가치 증대를 위해 임원 대상 성과인센티브(OPI)에 대해 주식 기준 보상 프로그램을 적용하기로 약정했다.

(이하 생략)

조문규, 「삼성전자 "3.9조 자사주 매입"…2.8조는 소각해 주가 부양」 (중앙일보, 2025. 7. 8.)

정혁: 자사주를 매입해서 2조 8,119억 원은 소각하고, 1조 1,000억 원은 임직원에게 나눠 준다고 쓰여 있어요. 소각한다는 게 쓰레기 처리하듯이 불태워 없앤다는 거예요?

아빠: 불태우기까지 하지는 않겠지만, 어쨌든 자사주를 사서 없앤다는 뜻이야.

정혁: 3조 9,119억 원은 도저히 감이 안 올 정도로 큰돈인데, 이 돈만큼 주식을 사서 없앤다고요? 아무리 삼성전자라고 해도 이렇게 큰돈을 어떻게 사서 없앤다는 거예요?

아빠: 정혁아, 너 혹시 다트라고 알아?

정혁: 다트요? 저 알아요. 친구들하고 카페 가서 가끔 다트 놀이로 음료수 내기해요!

아빠: 그 다트가 아니라, 금융감독원에서 운영하는 기업 공시 사이트 'DART'라고 있어. 여기서 삼성전자가 어떤 재원으로 자사주를 사는지 한번 볼까?

아빠가 탁자 위에 놓인 노트북으로 금융감독원 전자공시시스템 DART(dart.fss.or.kr)에 접속해서 삼성전자 재무제표를 살펴본다.

아빠: 재무제표가 어떻게 구성되어 있는지 알지?

정혁: 당연하죠. 경제 시간에 배웠어요. 회사가 얼마나 돈을 버는지 보여 주는 '손익계산서', 내 돈(자본)과 남의 돈(부채)을 비교해서 얼마큼의 유·무형 자산을 가지고 있는지 보여 주는 '대차대조표(재무상태표)', 현금 입출입이 어떻게 이뤄지며 실제 현금을 얼마나 보유하고 있는지 보여 주는 '현금흐름표', 재무제표는 이 세 개로 구성된다고 배웠어요.

아빠: 회사가 주주에게 보답할 때 재원으로 쓰는 게 '이익잉여금'인데, 재무제표 중에서 연결 재무상태표(연결 대차대조표) 항목에 이익잉여금이 있어. 삼성전자의 2025년 1분기 「분기보고서」를 보면 알 수 있어.

아빠는 다시 DART에서 삼성전자를 검색한 다음, 2025년 1분기 「분기보고서」를 찾은 후 '연결 재무상태표'를 클릭해서 정혁이에게 보여 준다.

삼성전자 2025년 1분기 「분기보고서」 중 연결 재무상태표 일부

[단위: 백만 원]

자본		
지배기업의 소유주에게 귀속되는 자본	395,861,094	391,687,603
자본금 (주15)	897,514	897,514
우선주자본금	119,467	119,467
보통주자본금	778,047	778,047
주식발행초과금	4,403,893	4,403,893
이익잉여금 (주16)	373,062,171	370,513,188
기타자본항목 (주17)	17,497,516	15,873,008
비지배지분	10,753,175	10,504,467
자본총계	406,614,269	402,192,070
부채와 자본총계	516,376,748	514,531,948

자료: 금융감독원 전자공시시스템

아빠: 삼성전자는 주로 반도체, 핸드폰, 가전제품 등으로 돈을 벌잖아? 그렇게 번 돈의 일부는 투자하고, 남은 돈은 나중을 위해 회사가 현금으로 보유하고 있단다. 이걸 이익잉여금 계정에서 관리해.

정혁: 우와, 삼성전자가 이렇게 많은 돈을 갖고 있어요? 이익잉여금만 373조 원이 있네요?

아빠: 그래서 3조 9,119억 원 자체는 아주 많은 돈이지만, 삼성전자가 보유한 이익잉여금의 1퍼센트 남짓한 작은 비중이기도 하단다. 그러니까 자사주를 매입해서 소각할 수 있는 거야.

정혁: 그런데 아빠, 자사주를 없애는 게 왜 주주에게 보답하는 거예요?

아빠: 기사를 다시 볼까?

아빠가 돋보기안경을 쓰고 찬찬히 기사를 읽는다.

> **참고 기사**

삼성전자는 이날 '2025년 2분기 잠정실적' 발표를 통해 올 2분기 매출 74조 원, 영업이익 4조 6,000억 원 수준을 기록했다고 공시했다. 매출은 전년 같은 기간 74조 700억 원 대비 0.09% 감소했고, 영업이익은 10조 4,400억 원 대비 55.94% 줄었다.

영업이익은 전 분기와 비교해도 31.24% 감소했다. 분기 영업이익은 2023년 4분기(2조 8,247억 원) 이후 가장 낮으며, 2분기 기준으로는 2023년 2분기(6,685억 원) 이후 2년 만에 최저다.

(이하 생략)

조문규, 「삼성전자 "3.9조 자사주 매입"…2.8조는 소각해 주가 부양」 (중앙일보, 2025. 7. 8.)

아빠: 삼성전자 2025년 2분기 실적이 예상보다 부진한 것으로 보이지? 실적이 안 좋으면 주가는 어떻게 될까?

정혁: 당연히 떨어지겠죠?

아빠: 주가가 떨어지면 회사는 주주에게 보답은커녕 욕만 바가지로 먹겠지?

정혁: 그야 뻔하죠.

정혁이가 당연하다는 듯이 대답한다.

아빠: 그래서 삼성전자가 시장에서 다시 사들인 자사의 주식 3분의 2가

량을 소각한다고 발표한 거야.

정혁: 아빠, 이제 왜 소각하는 게 주주에게 보답하는 건지 말씀해 주세요.

아빠: 자, 주식 1주의 가격(주가)은 회사의 시가총액을 시장에서 유통되는 주식 수로 나눈 값이란다. 그런데 회사가 유통 중인 주식을 되사서 없애면 어떻겠니?

정혁: 그러면 유통 주식 수가 줄어들면서 1주당 주식 가격이⋯ 아아, 이런 마법이 있었네요.

아빠: 정혁이가 이해한 대로 회사 가치는 그대로 유지되지만, 유통 주식 수가 줄면서 주당 주식 가격이 올라가는 효과가 생겨.

정혁: 그렇다면 채권 이자처럼 주주들에게 주기적으로 보답해야 주식 투자가 늘어날 것 같은데, 달랑 한 번 하고 마는 건 아니겠죠?

아빠: 우리나라에는 아직 자사주를 매입해서 소각하는 형태의 '보답'을 하는 기업이 많지 않아. 가끔 한 번씩 하지. 그래서 주가 부양이 잘 안된단다. 반면에 오랫동안 주주 친화적인 정책을 펼친 미국의 기업들은 주기적으로 자사주를 매입해서 분명한 주가 부양 효과를 보이고 있단다. 이처럼 자사주 매입은 실적 부진에 따른 주가 하방 압력을 최소화하는 역할을 해.

아빠가 인터넷 검색을 통해 미국에서 자사주를 가장 많이 매입한 상위 10개 기업을 찾아서 정혁이에게 보여 준다. 2024년 5월 기준, 미국의 자사주 매입 규모 상위 기업들은 다음과 같다.

미국 자사주 매입 규모 상위 10개사

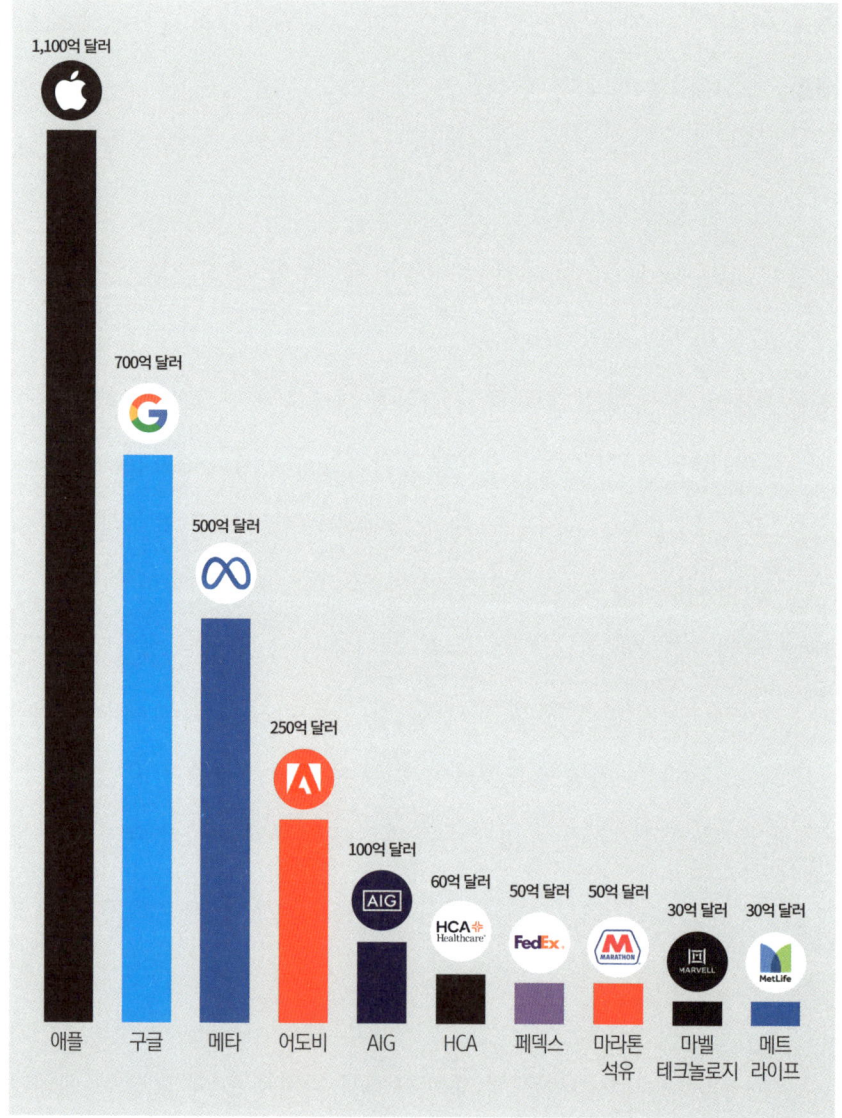

자료: Uptrends.ai

정혁: 애플이 가장 많이 매입했네요.

아빠: 애플은 전통적으로 자사주 매입을 통한 주주환원 정책을 활발하게 펼쳐 왔어. 그런데 2025년에 들어서면서 인공지능 분야에서 엔비디아한테 밀리기 시작했지. 게다가 트럼프가 당선되고 중국과의 무역 갈등이 재점화되면서 해외 제1 시장인 중국의 시장점유율이 떨어지는 상황에 놓였어.

정혁: 주주들이 화가 많이 났겠네요?

아빠: 물론이야. 경영진을 믿고 십시일반 돈 모아서 주식 샀는데, 경쟁력이 떨어져서 오히려 기업 가치가 내려가면 회사는 주주를 볼 면목이 없지. 자사주를 매입한 다음 활발히 소각해서 주당 주식 가격을 유지하는 게 그나마 최선의 정책이야.

정혁: 제가 주주라면 채권 이자 받듯이 현금으로 주는 '보답'을 받고 싶을 것 같아요.

아빠: 하하, 물론 직접 현금을 지급하기도 한단다.

주기적으로 지급하는 주식의 이자, 배당금

정혁: 회사가 주주에게 현금을 지급할 때 채권처럼 의무적으로 줘야 하는 건 아니죠? 주기적인 것도 아니고요?

아빠: 엄밀히 말하면 그렇지. 회사가 주주에게 현금을 꼭 지급해야 한다

거나 원금을 돌려줘야 할 의무는 없으니까 말이야. 그렇지만 지속해서 이익을 내는 회사들은 분기 또는 반기마다 주기적으로 주주에게 배당금을 지급하는 정책을 사용하고 있어. 배당률도 일정한 편이지.

정혁: 주기적으로 현금을 지급하면 주주들이 안정적으로 수익을 얻을 수 있겠네요?

아빠: 그런데 '배당성향(당기순이익에서 현금 배당액이 차지하는 비율)'이 지나치게 높은 회사는 배당금을 지급했을 때 기업 가치가 배당금 지급분만큼 하락하는 역효과가 난단다. 특히 우리나라에서는 연구 개발, 공장 신설 등의 투자가 끊임없이 이뤄져야 할 때 배당을 주면 투자 자금이 부족해지는 부작용이 발생해. 그래서 주가 변동이 크지 않고 꾸준히 수익이 발생하는 대형 기업 중심으로 배당금을 지급하는 경향이 있어.

여기서 잠깐, 미국에서 배당금을 지급하는 대표적인 기업으로 꼽히는 코카콜라의 배당 실적을 한번 살펴볼까?

정혁: 오오, 2010년쯤부터는 마치 채권 이자를 주는 것처럼 일정하게 배당했네요? 코카콜라 채권인지 주식인지 모르겠어요!

아빠: 정혁이도 코카콜라 자주 마시지? 사람들은 경기가 호황이거나 불황인 걸 따져 가며 콜라를 더 마시거나 덜 마시지 않기 때문에 코카콜라는 꾸준히 돈을 벌게 된단다. 그 대신 사업을 확장할 만한 성장 동력이 별로 없어서 주가가 급격히 올라 매매 차익을 얻을 기

코카콜라 배당 실적
자료: CompaniesMarketCap

회는 드물지. 그래서 코카콜라 경영진은 주주들의 지속적인 관심을 끌기 위해 3퍼센트 수준의 배당수익률을 유지하는 거야.

정혁: 아빠, 채권의 이자 수익률은 '원금×쿠폰 이자율'을 투자자가 산값으로 나눈 거잖아요. 그러면 주식의 배당수익률은 어떻게 계산해요?

아빠: 채권하고 똑같아. 주당 배당금을 투자자가 매입한 주가로 나누면 돼. 그러니까 저가 매수를 할수록 유리하겠지? 저가 매수를 하면 평균 회귀의 법칙에 따라 주가가 결국 제자리를 찾았을 때 가격 상승의 효과를 볼 수 있을 뿐만 아니라, 높은 배당수익률도 기대할 수 있으니까 말이야.

정혁: 그런데 경제 선생님께서 우리나라 기업들은 배당금 지급에 소극적이어서 미국보다 수익률이 낮다고 하시던데요?

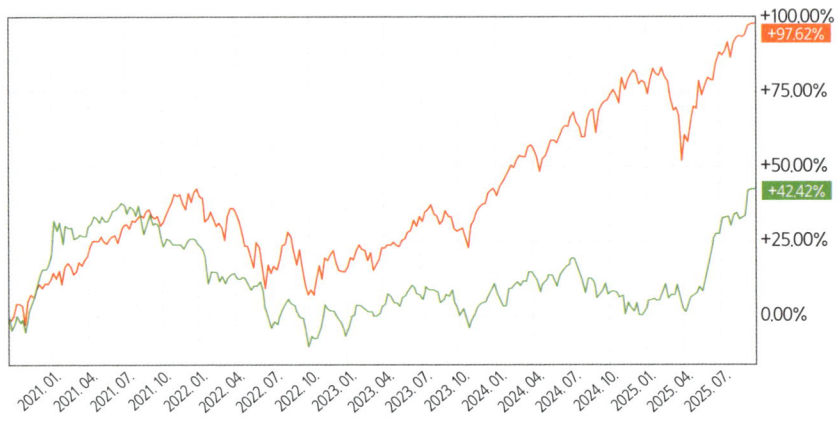

아빠: 우리나라 기업들은 현금을 쌓아 두었다가 기회를 잡으면 성장 동력을 위해 투자를 해야 한다는 논리로 배당을 잘 안 하는데, 문제는 경제성장률이야. 경제성장률이 8~9퍼센트 하던 시기에는 다양한 기회가 있었지만, 지금은 경제성장률이 1~2퍼센트에 불과해서 투자할 만한 곳이 없어. 그러다 보니 회사 내 현금유보금이 불필요하게 많아지고, 주주들은 '저렇게 돈을 쌓아 두고 배당금도 안 주네'라고 생각하면서 점점 회사에 대한 관심과 주식 투자에 대한 미련을 버리는 거야.

정혁: 배당금을 주려면 비용이 드니까, 회사 수익이 줄어드는 것 때문에 배당을 잘 안 하는 건 아닐까요?

아빠: 하하, 아빠도 대학 때 회계원리를 배우면서 교수님께 "기업이 배당금을 지급하면 비용이 되는데, 자사의 수익을 깎아 먹으면서까지 배당금을 주려고 할까요?"라고 여쭤본 적이 있지. 그때 교수님이 "배당금은 당기순이익이 결정된 다음에 지급하는 거라서 손익에 영향을 주지 않는다"고 말씀하셨단다. 그러면서 배당금이 발생할 때 분개(부기에서 거래 내용을 왼쪽 부분인 차변과 오른쪽 부분인 대변에 기재하는 일)하신 게 아직도 생각나네.

배당금 회계 처리 예시

(차변) 배당금 500원 (자본의 차감 항목: 이익잉여금 감소)	(대변) 현금 500원 (자산의 차감 항목: 현금 유출)

정혁: 아빠, 돈을 벌면 세금을 내야 하잖아요. 그러면 자사주 매입으로 주가가 오르거나, 배당금을 수령할 때 내야 하는 세금이 있나요?

아빠: 좋은 질문이야. 우리나라에서는 1퍼센트 또는 단일 종목 기준 50억 원 이상의 지분을 가진 대주주(코스피 기준)의 경우에만 물량에 상응하는 매도가 일어났을 때 양도세가 발생하고, 아빠 같은 개미들은 주식 매매 차익에 대한 세금을 내지 않는단다. 그러니까 몇백만 원, 몇천만 원의 투자 수익은 비과세라고 보면 돼. 하지만 배당은 소득 2,000만 원까지는 15.4퍼센트의 배당세(지방세 1.4% 포함)가 부과돼. 그리고 배당소득이나 이자소득 같은 금융 소득이

2,000만 원을 초과하면 종합소득세 과세 대상으로 6~49.5퍼센트까지 세금이 부과될 수 있어.

이런 세금 때문에 배당받는 걸 꺼리는 주주도 있겠지? 그래서 우리나라도 배당소득세 부담을 줄여서 주주들이 기업에 적극적으로 배당을 요구할 수 있도록 제도를 정비하고 있어. 이 기사를 한번 볼래?

아빠가 정혁이에게 관련 기사 링크를 공유한다.

참고 기사

정부의 자본시장 개혁안 중 하나인 배당소득 분리과세가 도입될 수 있다는 기대에 금융주가 일제히 치솟았다. 정부와 여당이 8일 비공개 간담회에서 상법 개정의 뒤를 이을 각종 증시 활성화 방안을 검토한 영향이다. 고배당 기업에 세제 혜택을 주는 배당소득 분리과세와 더불어 자사주 소각 의무화 정책도 주목받으면서 금융주의 수혜로 이어졌다.

이날 한국거래소에 따르면 KB금융은 전날보다 6.64% 오른 12만 2,000원에 마감했다. 이날 4대 금융지주(KB국민·신한·하나·우리)가 모두 신고가를 경신한 가운데 KB금융도 최고가로 거래를 마쳤다. 장중 신고가인 7만 2,100원까지 상승했던 신한지주는 7.73%의 상승률을 나타내면서 7만 1,100원으로 마감했다. 하나금융지주와 우리금융지주도 각각 10.27%, 8.32% 상승률을 기록했다. 증시 부양의 수혜주인 증권주도 줄줄이 신고가에 올랐다. 특히나 자사주 소각 의무화 정책의 주요 대상으로 꼽히는 종목들이 두 자릿수 상승률을 보였다.

자사주 비중이 50%를 넘어서는 신영증권은 이날 전날보다 20.03% 오른 14만 2,000원에 마감했다. 자사주 비중이 43%에 육박하는 부국증권 역시 장중 신고가를 경신했고 13.78%의 상승률을 기록했다. 자사주 비중이 25% 안팎인 대신증권도 10.79% 올랐다. 그 밖에 리테일 강자인 키움증권(6.31%)을 비롯해 증권 대장주 미래에셋증권(6.21%) 등도 큰 폭으로 주가가 뛰었다.

외국인투자자가 이날 증시 부양책 수혜주를 집중적으로 매집했다. 외국인은 KB금융(240억 원)을 비롯해 신한지주(220억 원), 하나금융지주(440억 원), 우리금융지주(120억 원)를 모두 100억 원 넘게 순매수했다. 신영증권과 대신증권도 각각 90억 원, 50억 원의 매수 우위를 나타냈다.

이날 금융주의 주요 주가 상승 동력으로 작용한 배당소득 분리과세는 이소영 더불어민주당 의원 발의안이 유력한 것으로 알려졌다. 이재명 대통령이 지난달 한국거래소를 방문해 이 의원의 소득세법 개정안을 예시로 들었기 때문이다.

해당 안은 배당성향 35% 이상인 상장사의 배당을 종합소득에서 분리해 별도 세율을 적용하는 내용이다. 보유한 자사주를 경영권 방어 등 지배주주의 사익을 위해 남용하지 않도록 의무적으로 소각하도록 하는 안도 이 대통령이 적극 강조한 공약이다.

증권가에서도 정치권의 증시 개선안 논의가 금융주 가운데 은행과 증권주를 직간접적으로 견인했다고 보고 있다.

백두산 한국투자증권 연구원은 "은행주는 주주환원과 자본 효율성 제고에 대한 기대감이 직접적으로 적용됐다"며 "증권주는 개별 종목별로 주주환원 기대감이 다르지만 증시 부양이라는 간접적 수혜에 초점이 맞춰졌다"고 분석했다.

김정석, 「주주환원 확대에 배당소득 분리과세 기대감까지…금융주 불붙었다」 (매일경제, 2025. 7. 8.)

정혁: 음, 그러니까 세금 부담은 줄이고 배당소득은 늘리기 위한 정책이라는 거죠?

아빠: 배당소득에 대한 세금 부담이 줄면 현금을 수북이 쌓아 놓고 언제 올지 모를 투자의 기회를 엿보던 기업들도 배당금을 지급해야 할 유인이 생기겠지? 이런 게 바로 '채권형 주식 투자'야. 망할 가능성이 거의 없고 항상 돈을 버는 안정적인 업종의 기업은 주가 변동이 심하지 않아서 배당성향이 높은 편이지. 그래서 자사주 매입으로 주가를 부양하는 정책을 쓸 가능성이 높단다. 그러니까 이에 맞는 금융 상품을 찾고, 장기 투자를 위해 공부해 보자!

- 주식에서는 '자사주 매입 후 소각' '배당금 지급' 등이 채권 이자의 역할을 한다.
- 자사주 매입이란 회사가 이익잉여금을 주요 재원으로 유통시장에서 거래되는 자사 주식을 사들이는 것을 말한다.
- 회사는 자사주 매입 후 일부 또는 전부를 소각해서 유통 주식 수를 줄이는 것으로 주가(=시가총액/유통 주식 수)를 높이는 효과를 얻을 수 있다.
- 배당이란 기업이 순이익의 일부를 주기적으로 주주들에게 나누어 주는 것을 말한다.
- 배당성향은 배당금을 당기순이익으로 나눈 것을 의미하며, 산업 내 변동성이 낮고 시장점유율이 높아 안정적인 현금흐름을 가진 성숙기 산업의 대기업일수록 그 비율이 높다.
- 배당성향이 지나치게 높으면 향후 회사 성장을 위한 투자 재원이 부족해지는 역효과가 발생할 수 있다.
- 배당금은 비용이 아니라 이익잉여금의 차감 항목으로, 국내 기준 15.4퍼센트 원천징수를 원칙으로 하며 금융 소득 2,000만 원 초과 금액에는 종합소득세를 별도로 적용한다.

> 부록

국내 자사주 보유 비중 순위

    2025년 6월 새로운 정부 출범 이후, 불합리한 지배 구조 등으로 주가가 정체되는 모습을 보이던 국내 주식시장에 새로운 바람이 불고 있다. 이는 이사의 '주주 충실 의무' 등을 포함한 상법 개정, 그리고 주주 환원 정책을 독려하기 위한 후속 법안 준비가 진행되는 것으로 알려졌기 때문이다(2025년 9월 말 기준).

    특히 기업이 자사주를 매입하고도 이를 제때 소각하지 않고 경영권 방어 및 재매각을 통해 자금을 마련하는 행위는 주가를 희석하면서도 불투명한 지배 구조로 인한 회사의 기업 가치를 떨어뜨리는 주범으로 지적된다. 이에 더불어민주당 김남근 의원 등 25명이 자사주를 원칙적으로 취득 후 1년 이내 소각하고(기존 자사주 소급 적용), 예외적으로 임직원 보상 등 정당한 사유가 있을 때만 보유를 허용하는 상법 개정안을 발의하였다(2025년 7월 9일). 이를 통해 국내 상장 기업 중 자사주를 많이 보유한 기업은 주가 상승의 동력을 얻을 수 있을 것으로 기대한다.

    국내 자사주 비중(=자사주 보유 수/유통 주식 수) 상위 20개사 현황 및 2025년 주가 상승률은 다음과 같다.

국내 자사주 보유 비중 상위 20개사
(2025. 9. 17. 기준)

기업명	현재가	시가총액	자사주 보유 비율
인포바인	72,900원	2,328억 원	53.70%
신영증권	14만 4,300원	3조 2,734억 원	53.10%
일상아이에스	2만 4,400원	3,245억 원	48.75%
조광피혁	6만 6,400원	4,415억 원	46.57%
매커스	2만 2,550원	3,194억 원	46.23%
텔코웨어	1만 4,310원	1,322억 원	44.11%
부국증권	7만 300원	7,290억 원	42.73%
모아텍	3,200원	459억 원	35.77%
엘엠에스	6,230원	554억 원	34.97%
대동전자	1만 5,040원	1,578억 원	33.36%
영흥	587원	595억 원	32.71%
SNT다이내믹스	6만 3,600원	2조 1,149억 원	32.66%
전방	3만 7,800원	635억 원	32.17%
대한방직	6,780원	359억 원	32.15%
제일연마	1만 460원	1,025억 원	31.78%
대한제강	1만 6,470원	3,856억 원	30.88%
샘표	4만 9,700원	1,429억 원	29.92%
티와이홀딩스	3,000원	1,513억 원	29.79%
대웅	2만 5,300원	1조 4,710억 원	29.67%
한샘	4만 4,750 원	1조 531억 원	29.46%

자료: 버틀러

미국 상장 자사주 및 배당 관련 ETF

개별 종목의 배당성향 또는 자사주 매입 실적에 대한 분석이 벅차다면, 주주환원 정책을 적극적으로 펼치는 기업의 주식을 편입한 ETF 투자를 적극 고려해 보자. 미국에 상장된, 배당수익률이 높거나 자사주 매입을 적극적으로 하는 기업들을 편입한 ETF 목록은 다음과 같다.

미국 상장 자사주 및 배당 관련 ETF 현황

[단위: 억 달러]

티커	운용사	구분	시가총액	수수료(%)	수익률(%)				
					2021년	2022년	2023년	2024년	YTD*
VIG	뱅가드	배당	932	0.05	23.8	-9.8	14.5	17.0	10.2
SCHD	찰스슈왑	배당	705	0.06	30.0	-3.2	4.6	11.7	0.9
VYM	뱅가드	배당	618	0.06	26.2	-0.5	6.6	17.6	10.6
DGRO	블랙록	배당	324	0.08	26.6	-7.9	10.5	16.6	10.0
SDY	스테이트 스트리트	배당	202	0.35	25.4	-0.5	2.6	8.4	5.8
PKW	인베스코	자사주	14	0.61	32.6	-10.2	17.2	17.3	14.2
IPKW	인베스코(글로벌)	자사주	3	0.55	11.5	-12.8	15.1	10.5	33.3

* 2025년 9월 17일 기준

자료: Yahoo Finance

국내 및 미국 배당수익률 상위 10개사

국내 코스피 200 지수에 포함된 기업 중 배당수익률 1위는 한샘, 2위는 한국타이어앤테크롤로지다. 한샘의 주당 배당금은 2022년 800원, 2023년 4,500원, 그리고 2024년 8,530원으로 매년 급격하게 증가했다. 2022년과 2023년에는 당기순손실을 기록했음에도 배당을 했는데, 이는 2021년 사모펀드인 아이엠엠프라이빗에쿼티IMM Private Equity, IMM PE가 한샘을 인수(인수가 1조 5,000억 원)한 후 최대주주가 되어 이익잉여금에서 고액을 배당해 단시일 내에 투자금을 회수하려는 시도로 추측된다.

한편, 한국타이어앤테크놀로지의 배당수익률이 높은 이유는 2025년 8월에 계열사의 유상증자 참여 우려 등의 이벤트로 주가가 급락했기 때문이다. 배당 금액에는 큰 변동이 없지만 주가가 떨어져서 배당수익률이 올라간 것이다.

미국 S&P 500 기업 중 배당수익률 1위는 다우DOW다. 필자가 대학원에서 기업 가치에 관한 수업을 들었을 때 '다우의 개Dogs of the Dow' 포트폴리오를 배웠다. 여기서 '개'는 일시적으로 주가가 떨어져 배당수익률이 상승한 종목을 의미하며, 다우의 개는 다우 지수(미국을 대표하는 우량 기업 30개의 주식을 모아 놓은 주가지수로, S&P 500처럼 시가총액 비중대로 가중 평균하는 것이 아니라 30개 주식을 동일한 비중으로 해서 지수 산출) 구성 종목 30개 중 배당수익률이 높은 상위 10개사를 편입한 포트폴리오를 말한다.

과거의 수익률 추이를 살펴보면, 다우의 개 포트폴리오가 기준이 되는 다우 지수보다 높은 수익률을 기록했다. 필자의 소견으로는 다우라는 회사가 주주들에게 높은 배당을 지급하면서 대표적인 배당주로 각인되었기 때문에 다우의 개라는 배당주 포트폴리오도 탄생한 것이 아닌가 싶다.

'다우의 개'와 '다우 지수' 실적 비교

연구	기간	다우의 개 수익률	다우 지수 총수익률
슬래터 Slatter	1973~1988년	18.39%	10.86%
놀스 앤 페티 Knowles and Petty	1973~1990년	17.81%	11.41%
오히긴스와 다운스 O'Higgins and Downes	1973~1991년	16.61%	10.43%
푸르덴셜 증권 Prudential Securities	1973~1992년	16.06%	10.91%

자료: Simon Fraser University

코스피 200 및 S&P 500 내 배당수익률 상위 10개 기업의 최신(2025년 9월 기준) 배당수익률은 각각 다음과 같다.

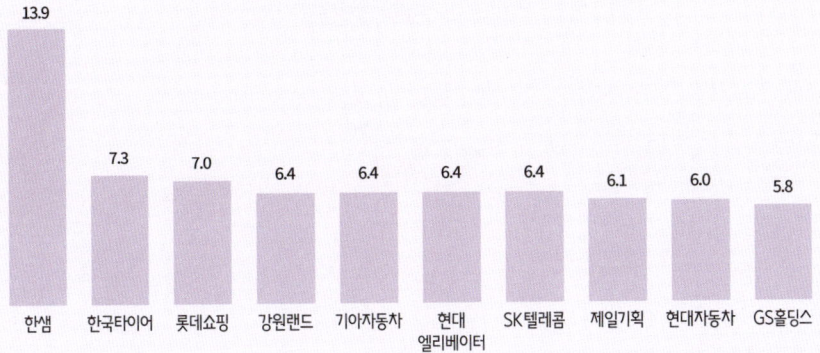

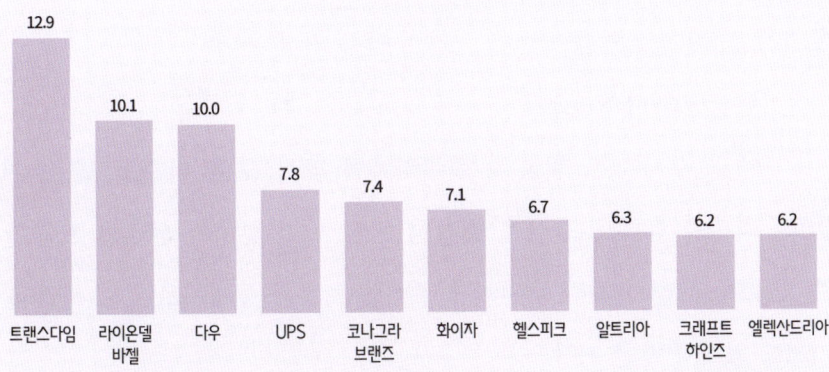

원금을 지킨 다음 추가 수익을 노려라
(feat. 만기 및 원금 보장)

"아빠, 채권 투자자와 주식 투자자는 생각하는 방식이 아예 다를 거 같아요."

"분리해서 보면 그렇지. 채권 투자자는 '우선권'을 좋아하고 주식 투자자는 '나머지'를 좋아한다는 말이 맞을 거 같은데?"

"우선권과 나머지요?"

"채권 투자자는 원금을 회수하기에 앞서 쿠폰 이자를 받을 수 있고, 회사가 망해도 자산을 매각한 돈을 먼저 받아서 원금을 보전할 수 있잖아. 그래서 채권 투자자가 주식을 보유한 투자자보다 '우선권'을 가지고 있다고 말한 거야."

"그러면 투자 원금의 회수를 보장받을 수 없는 주식 투자자에게는 위험에 대한 보상 같은 게 없나요?"

"자, 백신을 연구하는 회사가 있는데 가치가 105라고 가정해 보자. 채권 투자자가 회사에 100만큼 원금을 빌려주고, 주식 투자자가 회사에 5만큼 투자했어. 빌려준 돈의 대가인 쿠폰 이자는 5퍼센트야. 회사는 1년 후 채권 투자자에게 원금에 이자를 더해서 총 105만큼을 지급해야 해. 그러면 주식 투자자가 가져갈 돈은 한 푼도 없겠지? 그런데 회사가 암을 사전에 차단하는 백신 개발에 성공해서 기업 가치가 졸지에 105에서 500으로 급상승했어. 이때도 채권 투자자는 이미 정해진 105만큼을 가져가고, 나머지 395만큼은 주식 투자자의 몫으로 돌아간단다. 이걸 아빠는 '나머지'라고 말한 거야."

주식으로 바꿀 수 있는 채권, 전환사채

정혁: 아빠, 중국집에 가면 짬짜면이라는 게 있잖아요. 채권의 '우선권'과 주식의 '나머지'를 모두 가질 수는 없나요?

아빠: 사실 채권의 가장 큰 장점인 원금 보장을 위해선 기업 가치 상승으로 얻을 수 있는 '추가 수익을 포기'해야 해. 반면에 추가 수익을 위해선 투자자가 짊어져야 할 '돈 잃을 위험'이 커지지. 그런데 이건 투자자 관점이고, 자금을 조달해야 할 기업도 고민이 크단다.

정혁: 기업의 고민이요? 채권이냐 주식이냐 선택만 하면 되는 거 아니에요?

아빠: 물론 애플이나 삼성전자 같은 초우량 기업이 "내가 시장에서 자금

을 조달해 보겠어"라고 하면, 투자자뿐만 아니라 중간에서 채권이나 주식을 파는 증권사도 "저한테 한 번만 기회를 주세요"라고 말할 거야. 그러면 채권을 조달할 때 들어가는 쿠폰 이자를 낮추거나 주식 발행 가격을 높여서 회사의 비용을 확 낮출 수 있어. 그런데 신생 기업이나 신용등급이 낮은 기업이 발행하는 채권이나 주식은 아직 가치가 증명되지 않아서 투자자가 거의 없을 거란 말이야. 상대적으로 안정적인 채권 투자도 '저 회사가 망해서 원금을 못 받을 수도 있지 않을까?'라는 걱정이 들거든.

정혁: 그런 걱정이 문제라면 채권의 쿠폰 이자를 확 높이면 되잖아요?

아빠: 그럴 수는 있지. 만약 "원금 100을 빌리는 데 매년 50퍼센트 쿠폰을 줄 테니 채권 사 주세요"라고 한다면, 투자자들은 '망하지 말고 2년만 버텨라. 그러면 쿠폰으로 원금 회수할 수 있다'라고 생각하고 투자할 수도 있겠지. 그런데 이제 겨우 돈을 벌기 시작한 회사가 연 이자 50퍼센트를 줄 수 있을까? 무리한 채권 발행 조건으로 오히려 회사가 망할지도 몰라.

정혁: 그러면 주식 가격을 낮춰서 발행하면 안 돼요? 주식 투자자는 돈 갚으라고 요구할 권리가 없잖아요.

아빠: 주식 가격을 낮춰서 발행하면 경영진의 주식 보유 비중이 확 줄어들어. 이 말은 경영권에 위협이 될 수 있다는 말이야.

정혁: 가격이 저렴해서 투자자들이 주식을 너무 많이 사면, 회사가 망하지는 않지만 경영권을 뺏길 수도 있다는 말이죠?

아빠: 맞아, 바로 그거야!

아빠가 종이에 낙서를 해 가며 열성적으로 설명을 이어 나간다.

아빠: 그래서 회사는 '경영권을 지키면서 이자율도 낮출 방법'을 고민했어. 그 결과 채권의 형태로 발행해서 원금을 보장해 주는 동시에, 원한다면 주식으로 바꿀 수 있는 권리를 주는 채권이 탄생한 거야.

정혁: 채권인데 주식으로 바꿀 수 있다고요? 그러면 쿠폰 이자를 낮출 수 있어요?

아빠: 경영진은 이렇게 얘기하지. "앞으로 회사가 잘돼서 주식으로 전환할 권리를 주겠다는데, 그깟 쿠폰 이자 몇 퍼센트 받을 이유가 있습니까?"라고 말이야. 즉 쿠폰 이자와 주식으로 전환할 권리를 맞바꾸는 거지. 참고로 전환할 수 있는 주식 가격은 현재 거래되는 주식 가격보다 20~40퍼센트 정도 비싸게 정하는 게 일반적이야. 이게 바로 '전환사채'의 프리미엄이야.

정혁: 투자자에게 좋은 제안이에요?

아빠: 투자자는 회사가 망하지 않는 한 채권자로서 원금을 사수할 수 있고, 회사가 잘나가서 가치가 올라가면 주식으로 바꿔서 추가 수익을 기대할 수 있어. 아생연후살타我生然後殺他라는 바둑 격언이 있단다. "내 집을 지킨 후 남의 집을 노려라"라는 뜻이지. 여기서 '내 집'이 원금이라면, '남의 집'은 추가 수익이라고 볼 수 있겠지? 투자자

가 기대하는 수익은 이렇게 될 거야.

아빠가 정혁이에게 전환사채의 수익 구조를 알 수 있는 그래프를 보여 준다.

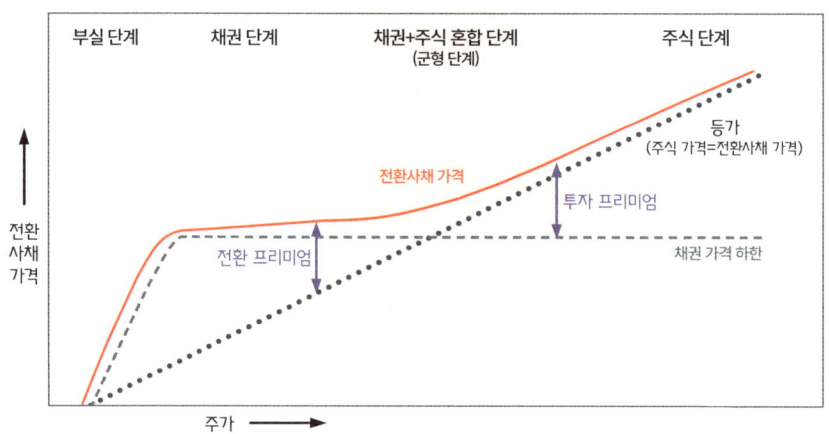

자료: 신년기, 『20년 차 신 부장의 채권투자 이야기』

정혁: 아빠가 말씀하신 대로 회사만 망하지 않으면 적어도 원금을 보존(채권 단계)할 수 있고, 주가가 올라가면 추가 수익이 생길 가능성(주식 단계)이 있네요?

아빠: 비트코인 투자자들에게 유명한 기업인 스트래티지Strategy라는 회사에서 언급한 전환사채에 관한 설명을 한번 볼까? 2030년 만기인 전환사채를 발행한 다음에 쓴 보도자료를 보면 이런 내용이 있어.

참고 보도자료

(전략)

이 채권은 스트래티지의 선순위 무담보 채무입니다. <u>해당 채권은 정기 이자를 지급하지 않으며</u>, 채권 원금은 증가하지 않습니다. 2030년 3월 1일에 만기가 도래하지만 조기 매입, 상환 또는 전환 시에는 해당하는 시점에 만기가 됩니다. 2029년 12월 3일 이전에는 특정한 사유가 발생해야만 채권을 전환할 수 있습니다. 하지만 2029년 12월 3일 이후에는 만기일 전 두 번째 예정 거래일의 영업 종료 시까지 언제든지 채권을 전환할 수 있습니다. 스트래티지는 전환 시 현금, 스트래티지의 클래스 A 보통주 주식, 또는 현금과 클래스 A 보통주 주식의 조합으로 지급하거나 인도합니다. <u>초기 전환 비율은 채권 원금 1,000달러당 스트래티지의 보통주 A종 2.3072주로, 이는 보통주 A종 1주당 약 433.43달러의 초기 전환 가격을 의미합니다.</u> 초기 전환 가격은 2025년 2월 19일 오후 1시 30분부터 오후 4시까지(동부 표준시) 스트래티지의 클래스 A 보통주에 대한 미국 종합지수 거래량 가중평균U.S. composite volume weighted average price 가격인 321.0514달러 대비 약 35퍼센트의 프리미엄을 반영합니다. 전환 비율 및 전환 가격은 특정한 사유 발생 시 조정될 수 있습니다.

(이하 생략)

Shirish Jajodia, 「Strategy Completes $2 Billion Offering of 0% Convertible Senior Notes Due 2030」 (Strategy, 2025. 2. 24)

아빠: 이 회사는 신용등급을 받지는 않았지만, 정상적으로 채권을 발행한다면 높은 이자를 내야 하는 하이일드 등급 기업에 속한단다. 그럼에도 불구하고 투자자들은 비트코인과 운명을 같이할 이 기업의 주가가 비트코인 가격 상승과 함께 오를 거라 믿고 있어. 하지만 비트코인 가격의 변동성이 워낙 커서 원금 손실의 위험을 지고 싶지는 않은 거지.

정혁: 아빠의 설명대로라면, 투자자들이 최소한 투자 원금은 지키면서도 기업 가치 상승으로 인한 추가 수익도 얻고 싶어 하니까 짬짜면 전략을 쓰는 거네요?

아빠: 그렇지. 대신 회사는 이자 비용을 전혀 부담하지 않고, 발행 당시 회사 주가(299.69달러, 2025년 2월 21일 종가) 대비 44.6퍼센트(=433.43/299.69-1)의 프리미엄을 붙여서 발행한 거야.

정혁: 회사는 이자 비용을 내지 않아 해피하고, 투자자들은 비트코인 가격 상승에 베팅하고 싶은데 적어도 투자 원금은 지킬 수 있으니까 해피하고… 윈윈 전략이네요?

아빠: 전환사채를 발행한 다음 이 회사 주가가 얼마까지 올랐는 줄 아니?

정혁: 얼마까지 올랐는데요?

아빠: 한때 450달러를 넘었었어. 물론 지금은 330달러 수준으로 하락했지만 말이야.

아빠가 스트래티지의 주가를 보여 주면서 말한다.

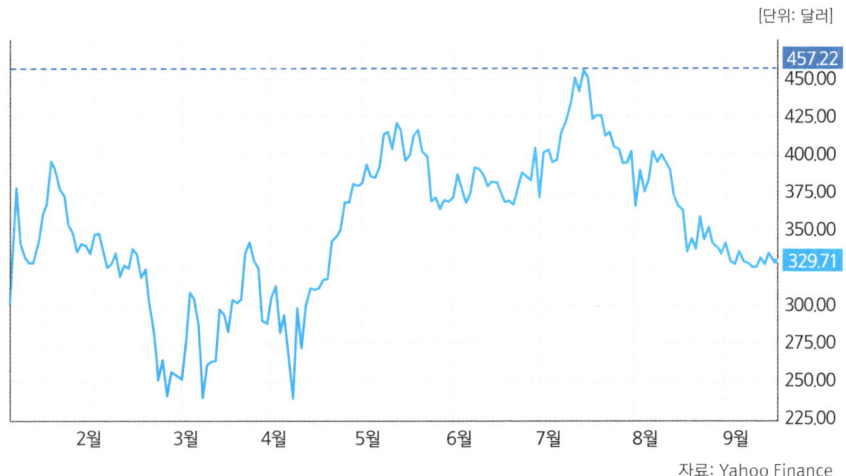

정혁: 와우, 이러니 투자자들도 쿠폰 이자를 안 받고 "그래 원금만 살려 줘. 내가 이 채권에 투자할게"라고 하겠네요. 발행한 지 5개월이 채 안 됐는데 행사할 수 있는 가격에 도달했어요.

아빠: 맞아, 이 채권의 이름이 뭐라고 했지?

정혁: 전환사채!

원금을 보호하며 추가 수익을 얻는 버퍼 전략

정혁: 그런데 전환사채는 원금을 보장해 주긴 하지만, 이자 수익도 없고 전환할 수 있는 주가도 좀 비싼 것 같아요. 2월에 스트래티지의 전환사채 대신 주식을 샀으면 40퍼센트 이상 수익이 나는 거잖아요?

아빠: 원금 보장의 대가로 추가 수익 일부와 쿠폰 이자를 희생하는 거지. 상대방이 뭘 하나 주면 나도 상대방이 원하는 걸 하나 정도는 줘야겠지? 그게 협상이야.

정혁: 하지만 전환사채를 발행한 기업의 주가에 변동이 별로 없다면, 전환사채에 투자할 만한 가치가 있을까요? 쿠폰 이자도 낮다면 차라리 예금에 투자하는 게 나을 것 같아요.

아빠: 기업의 성장 가능성이 낮거나 주가 변동성이 없으면 전환사채를 발행해도 투자자들은 메리트를 못 느낄 가능성이 커. 그러니까 원금을 보호하면서도 프리미엄 발행 없이 주가가 올라가는 대로 수익을 얻을 수 있는 상품이 있다면 투자자들을 더 만족시킬 수 있을 거야.

정혁: 그런 상품이 있어요?

아빠: 완벽하게 원금을 보호하지는 못하고 추가 수익에도 상한선이 있긴 하지만, 그걸 구현하기 위해 노력하는 상품은 있어. 바로 버퍼Buffer형 상품이야.

정혁: 버퍼요? '충격을 완화하다'는 뜻의 그 버퍼요?"

아빠: 맞아. 어느 정도의 손실까지는 원금을 보장해 주고, 주가가 상승하

면 제한선까지는 수익을 얻어 갈 수 있는 상품이야. 이 상품에 투자했을 때 투자자가 얻을 수 있는 손익을 그래프로 그리면 이렇단다.

버퍼 손익 구조

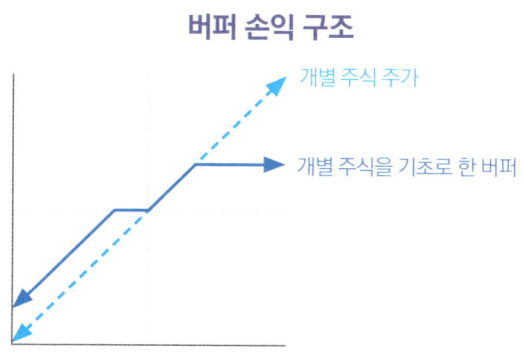

자료: Innovator ETFs

정혁: 오오, 이 구조는 어떻게 만드는 거예요?

아빠: 정혁이 너 주식의 풋옵션, 콜옵션 알지?

정혁: 네, 아빠가 설명해 주셨잖아요. 콜옵션은 미리 정한 가격으로 기초자산을 살 수 있는 권리, 풋옵션은 미리 정한 가격으로 기초자산을 팔 수 있는 권리라고요.

아빠: 정확해. 버퍼의 수익 구조는 일반적으로 옵션 만기가 같고 행사가격이 서로 다른 콜옵션 두 개와 풋옵션 두 개를 결합해서 만들어. 그러니까 행사가격이 제일 낮은 콜옵션 매수, 그다음 낮은 행사가격의 풋옵션 매도, 그다음 행사가격의 풋옵션 매수, 가장 높은 행사가격의 콜옵션 매도의 결합이야.

아빠가 버퍼를 구성하는 요소들을 그림으로 그리며 설명한다.

버퍼 요소

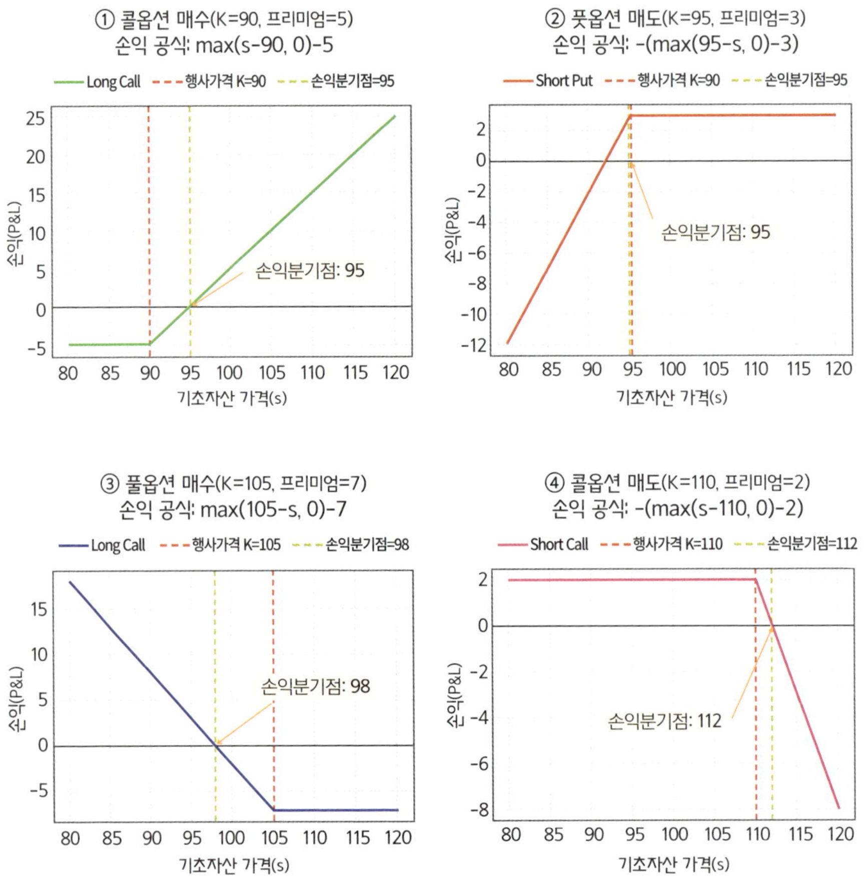

① 콜옵션 매수(K=90, 프리미엄=5)
손익 공식: max(s-90, 0)-5

② 풋옵션 매도(K=95, 프리미엄=3)
손익 공식: -(max(95-s, 0)-3)

③ 풋옵션 매수(K=105, 프리미엄=7)
손익 공식: max(105-s, 0)-7

④ 콜옵션 매도(K=110, 프리미엄=2)
손익 공식: -(max(s-110, 0)-2)

아빠: 예를 들어 캡^{cap}(손익의 상한) 15퍼센트, 버퍼 15퍼센트로 설정된 상품이 있다고 해 보자. 이 상품은 기초자산이 15퍼센트까지 상승할 때는 상승한 만큼 수익을 얻을 수 있어. 하지만 그 이상 상승하면

아무리 올라도 수익은 15퍼센트에 멈추게 된단다.

정혁: 그러면 충격을 완화해 주는 게 버퍼니까, 버퍼가 손실도 15퍼센트까지 막아 주는 거예요?

아빠: 정답이야. 기초자산 가격이 매수했을 때보다 15퍼센트 빠질 때까지는 원금이 보장되고, 그 이상 빠지면 투자자의 손실은 x-15퍼센트가 되는 거지.

정혁: 그러면 이 상품은 언제나 이런 수익 구조를 유지해요?

아빠: 아니, 이 상품도 채권처럼 만기가 있단다. 만기까지 보유했을 때 적용할 수 있는 수익 구조야. 만약 만기 이전에 이 상품을 매도하면 시장에서 형성한 가격대로 파는 거지. 이 버퍼 상품은 주식시장이 개장하면 공급과 수요에 따라 가격이 계속 변화한단다.

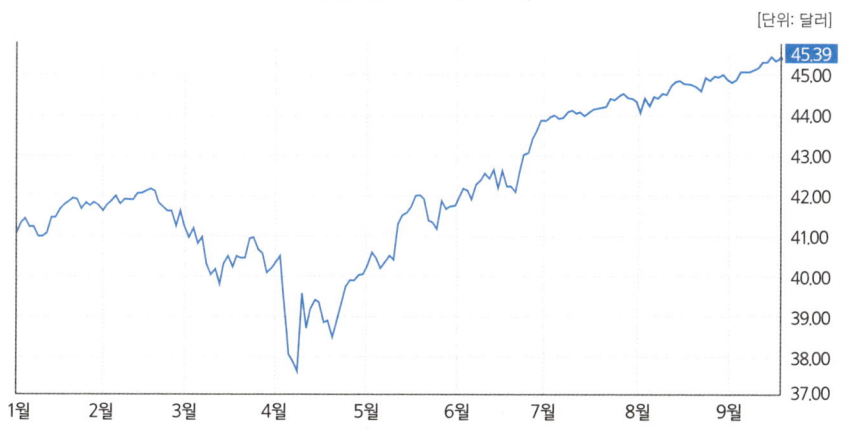

버퍼 ETF PJUL*의 가격 추이
(2025. 1. ~ 2025. 9.)

* SPY(S&P 500 지수를 추종하는 ETF)의 수익률을 기초자산으로 하는 버퍼 ETF

자료: Yahoo Finance

- 주식 관련 상품 중 채권의 특성(만기와 원금 보장)을 지닌 것으로 전환사채와 버퍼가 있다.
- 전환사채는 발행 회사가 쿠폰 이자를 낮춰서 금융 비용을 줄여 주는 대신, 만기에 원금을 상환하는 조건으로 주가 상승 시 사전에 정해진 행사가격에 주식으로 전환할 수 있는 권리를 부여한 채권이다.
- 전환사채 발행자는 신용등급이 낮아 채권 발행 시 상당한 금융 비용을 지급해야 하는 회사로, 발전 속도가 빨라서 앞으로 기업 가치의 상승이 기대되는 회사가 대부분이다.
- 투자자 관점에서 전환사채의 단점은 낮은 쿠폰 이자와 전환 가격의 높은 프리미엄에 따른 낮은 추가 수익이다.
- 변동성이 비교적 낮고, 기대 수익률이 15~20퍼센트 내외이며, 정해진 손실률 이하일 때 원금을 보장할 수 있는 버퍼 상품이 주목받고 있다.
- 캡은 버퍼 상품 투자자의 최대 수익률(상한)이며, 버퍼는 투자자가 손실을 보지 않는 최대 손실률을 의미한다.
- 버퍼 상품을 만기 이전에 매각하면 197쪽의 '버퍼 손익 구조'와 상관없이 시장 거래가에 의해 투자자의 손익 구조가 결정된다.

부록

해외 전환사채 및 버퍼 ETF

해외 전환사채(CB) ETF

[단위: 백만 달러]

티커	운용사	구분	시가총액	수수료(%)	수익률(%)				
					2021년	2022년	2023년	2024년	YTD*
CWB	스테이트스트리트	CB	3,931	0.40	2.2	−20.8	14.5	10.1	14.2
ICVT	블랙록	CB	2,701	0.20	−0.5	−20.7	15.3	10.6	15.6

* 2025년 9월 17일 기준

자료: Yahoo Finance

버퍼 ETF 현황

[단위: 백만 달러]

티커	조건(%)		기초자산	차기만기	시가총액	수수료(%)	수익률(%)			
	캡	버퍼					2022년	2023년	2024년	YTD*
BUFD	10.6~13.3	22.2~28.7	SPY	−	1,350	1.05	−7.7	15.4	12.4	7.7
PJAN	12.0	15.0	SPY	25. 12. 31.	1,263	0.79	−5.3	18.2	13.5	7.7
PJUL	12.1	15.0	SPY	26. 6. 30.	1,134	0.79	−2.1	19.9	13.8	10.2
FJAN	14.2	10.0	SPY	26. 1. 16.	1,078	0.85	−4.0	21.7	15.2	8.3
FFEB	14.5	10.0	SPY	26. 2. 20.	1,059	0.85	−7.5	20.0	16.6	9.9
FDEC	14.8	10.0	SPY	25. 12. 19.	1,029	0.85	−9.2	22.8	14.3	9.6
BUFQ	16.4~17.3	9.0~13.3	QQQ	−	1,010	1.00	−	35.5	16.4	9.8

* 2025년 9월 17일 기준

자료: Yahoo Finance

미래의 잠재력에 베팅하는 성장주
(feat. 듀레이션)

"작년 말에 학교에 제출한 동아리 계획서를 연구 주임 선생님께서 승인해 주셨어요."

"어떤 동아린데?"

"이름은 '주식탐정'이에요. 좋은 주식을 발굴하자는 취지로, 투자에 관심 많고 대학에서 경제나 경영학을 전공하고 싶은 친구들을 모아서 만들었어요."

"이름이 멋진걸. 공부만 제대로 하면 좋은 종목을 잘 찾을 수 있을 것 같은데?"

"저는 그동안 아빠가 채권 개념을 주식에 적용해서 설명해 주셔서 친구들보다 빠르게 주식에 관한 지식을 익힌 것 같아요. 친구들한테 '주식에도 원금이 보장되고 만기가 있는 상품이 있다고!' 했더니 다들 놀라는 거예요. 그러고 나서 전환사채나 버퍼 상품을 보니까 다들 이해하는 속도가 훨씬 빠르더라고요."

"하하, 그렇게 말해 주니까 아빠도 보람이 있구나."

"그런데 아빠, 친구들과 공부하다 보니까 양자컴퓨터를 만드는 회사들의 주가가 빠르게 오르더라고요. 그런데 이 회사들은 계속 적자잖아요. 이걸 어떻게 해석해야 해요?"

베타 1을 초과하는 종목에 주목하라

아빠: 하하, 정혁이가 아마도 아이온큐 주가를 본 거 같구나. 2024년 말부터 양자컴퓨터 상용화에 대해 말이 많았지. 아이온큐의 재무제표와 주가를 같이 살펴보자.

이이온큐 재무제표 현황
(2021~2024년)

[단위: 백만 달러]

항목	2021년	2022년	2023년	2024년
매출액	2.1	11.1	22.0	43.1
영업이익	-38.7	-85.7	-157.8	-232.4
당기순이익	-106.2	-48.5	-157.7	-331.6

자료: Yahoo Finance

아이온큐 주가 추이
(2024. 9.~2025. 9.)

자료: Yahoo Finance

정혁: 양자컴퓨터의 원리에 대한 이런 설명을 봤어요. '죽은 제갈량 옆에 살아 있는 제갈량이 함께 있는 걸 사마의가 보았다'라고요. 그러니까 공존할 수 없는 특정인, 특정 생물의 삶과 죽음이 공존한다는 원리를 이용하는 게 양자컴퓨터라고 하던데요?

아빠: 투자자들은 바로 그 양자컴퓨터가 언젠가는 대중화될 거고, 그것이 상용화됐을 때 아이온큐가 엄청난 돈을 벌 거라고 기대하기 때문에 주가가 올랐겠지?

정혁: 좋게 보면 언젠간 달성할 수 있는 미션이고, 나쁘게 보면 희망 고문이네요?

아빠: 마치 30년 후가 만기인 장기 채권 같은 것이라고나 할까?

정혁이가 갑자기 뭔가 생각난 듯 호기심 어린 얼굴로 이야기한다.

정혁: 아빠가 알려 주신 듀레이션이 생각났어요. 실질 만기라 불리고 금리 민감도라 쓴다는 그 듀레이션이요.

아빠: 아빠가 얘기하려고 했는데 정혁이가 먼저 말했구나. 맞아, 듀레이션. 아이온큐 같은 회사는 듀레이션이 엄청 긴 채권 같은 거지. 그래서 전망이 좋다고 생각하는 사람이 많으면 주가가 빠르게 오르고, 반대로 전망이 별로라고 생각하는 사람이 많아지면 역시 빠르게 주가가 하락하는 모습을 보인단다. 여기에 중요한 개념이 하나 있어.

정혁: 어떤 개념이요?

아빠: 듀레이션은 금리 1퍼센트가 변할 때 채권 가격이 얼마나 변하는지 나타내는 지표잖아. 비슷하게 주식에서는 기준 지수를 살펴봐야 해. 예를 들면 S&P 500, 코스피 200, 나스닥 같은 지수 변동분과 비교해서 개별 주식이 얼마나 변하는지 잘 봐야 해. 이 개념을 '베타beta'라고 부른단다.

정혁: 베타를 어떻게 해석하는데요?

아빠: 주가지수 대비 변동 폭이 높다면 베타가 1을 넘는 거잖아. 그러면 경제 상황이 좋아서 주가가 오르면 베타가 1을 초과하는 종목을 사야 할까? 아니면 주가지수를 기반으로 한 ETF를 사야 할까?

정혁: 당연히 주가지수가 1퍼센트 오를 때 1퍼센트 넘게 오르는 베타 1을

초과하는 종목을 사죠!

아빠: 자, 그러면 아이온큐와 벤치마크인 나스닥의 주가 흐름을 한번 살펴보자.

정혁: 아빠 말씀대로 주가 하락기에는 아이온큐의 하락폭이 나스닥보다 훨씬 크고, 반면에 최근의 상승폭 역시 아이온큐가 나스닥보다 훨씬 높네요.

아빠: 그렇지. 주식시장이 좋을 때는 베타가 1이 넘는 고베타 종목에 투자하면 돈을 벌 수 있어. 아빠가 여러 심리지표를 알려 준 것도 심리가 가장 공포에 다다랐을 때 고베타 주식을 사서 돈을 벌 수 있는 유익한 도구이기 때문이야.

• Tip • 베타의 공식

베타는 '전체 시장의 변동 대비 개별 종목의 변동률'을 의미한다. 여기서 전체 시장은 투자자들이 벤치마크로 간주하는 주가지수를 프록시proxy로 사용한다. 공식을 보면 전체 시장의 분산 대비 개별 종목과 전체 시장 사이의 공분산(두 개의 확률변수 사이의 관련성을 나타내는 통계적 개념)을 의미한다.

$$\beta i = \frac{Cov(R_i, R_m)}{Var(R_m)}$$

- $Cov(R_i, R_m)$: 개별 주식 i의 수익률과 시장수익률 m 간 공분산
- $Var(R_m)$: 시장수익률의 분산

이것은 다시 개별 종목과 전체 시장의 상관관계와 전체 시장 표준편차 대비 개별 종목의 표준편차 비율을 곱한 식으로 변환할 수 있다.

$$: \rho_{i,\,m} \frac{\sigma_i}{\sigma_m}$$

즉, 베타는 종목과 시장 사이의 **방향성**과 **변동성 비율**을 동시에 고려한 변수다. 금리 방향성과 채권 가격의 관계가 항상 음(-)의 방향성을 가지는 듀레이션의 개념과는 차이가 있다.

미래 사업 기반의 고베타 종목

정혁: 아이온큐의 양자컴퓨터는 아직 우리가 직접 사용할 수 없는, 말하자면 미래의 사업이잖아요. 그러니까 아빠가 아까 말씀하신 30년짜리 장기 채권처럼 듀레이션이 길어서 작은 금리 변화에도 가격 변동성이 커지는 것과 똑같은 원리라고 이해해도 되나요?

아빠: 정확해. 보통 듀레이션이 긴 채권은 투자자가 원금을 받을 날이 많이 남아서 원금을 100퍼센트 돌려받을 수 있을지 불확실성이 크잖아. 이걸 주식 세계에 적용하면, 투자한 종목의 사업이 언제 달성돼서 돈을 벌어들일지 모르니까 과연 투자한 원금 이상의 수익을 올릴 수 있을지 불확실성이 커지는 거야.

정혁: 아이온큐는 미래의 '꿈'을 위한 사업을 운영하고 있는 거네요?

아빠: 만약 양자컴퓨터 상용화가 앞당겨질 수 있다는 여러 과학적인 근거가 발표되면, 투자금을 상환받을 시기도 훨씬 앞당겨질 테니까 주가가 벤치마크 대비 빠르게 상승할 수 있겠지.

정혁: 그러면 아이온큐 같은 고베타 종목은 이렇게 꿈을 먹고 사는 회사가 대부분이에요?

아빠: 우선 자동차, 화학, 정유(이를 줄여서 '차화정'이라 함)처럼 경기가 좋아지면 매출이 증가하는 전통적인 산업이 고베타 종목 중 하나야. 또한 스트래티지처럼 비트코인, 이더리움 같은 가상 자산에 투자해서 레버리지 leverage 효과를 노리는 기업도 고베타 종목에 속해.

그런데 아빠는 정혁이가 얘기한 대로 '꿈을 실현하는 사업'을 하는 회사, 즉 '성장주'가 대표적인 고베타 종목이라고 생각한단다. 그리고 이 꿈을 실현한 회사가 바로 테슬라야.

성장주의 대표 주자 '테슬라'

정혁: 테슬라와 엔비디아는 이미 엄청난 돈을 벌었잖아요. 이 회사들이 고베타 종목이라고요?

아빠: 지금이야 전기차를 운전하는 사람이 많아졌지만, 불과 10년 전만 해도 전기차가 가솔린보다 훨씬 비효율적이고 비싸다는 이유로 과연 대량생산을 통해서 상용화할 수 있을지 의문이 컸어. 즉 듀레이션이 매우 긴 종목이었지. 전기차 대량생산은 아무리 빨라도 2030년대에나 가능한 기술이라고 평가절하한 투자자가 많았다고. 그래서 전기차에 호재가 발생하면 테슬라의 주가가 주가지수보다 훨씬 빠르게 올라가고, 전망이 안 좋다는 얘기가 나오면 주가지수보다 빠르게 가라앉는 일이 반복됐던 거지.

정혁: 지금 테슬라는 기술혁신의 아이콘이 됐잖아요.

아빠: 그래서 꿈을 실현한 대표적인 사례라는 거야. 2017년에 '모델 3' 출시를 발표하고도 양산까지 2년가량이 더 걸렸지. 하지만 기꺼이 테슬라에 초기 투자한 사람들은 성공을 믿어 의심치 않았어. 꿈을

달성하는 데 약 10년이라는 시간이 걸렸지만 투자자들이 기다린 만큼 주가는 확실한 보상을 줬지. 초기엔 테슬라가 꿈을 달성하기까지 오랜 시간이 걸릴 거라고 시장이 판단했기 때문에 듀레이션이 매우 길었는데, 전기차에 관한 호재가 계속 발생하고 이제 그 꿈을 이루니까 테슬라 주가가 주가지수 상승폭보다 크게 상승한 거란다.

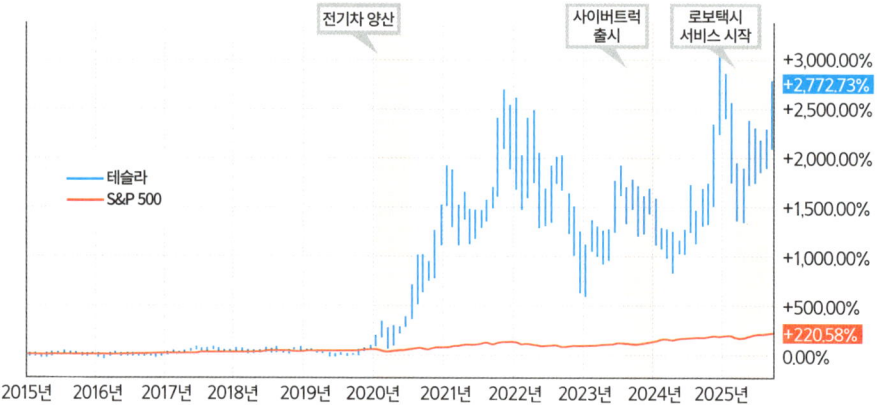

테슬라와 S&P 500 수익률 추이
(2015. 1.~2025. 9.)

자료: Yahoo Finance

정혁: 아빠, 전기차의 꿈을 이룬 테슬라는 지금도 지수 변동 대비 주가 변동률이 높네요?

아빠: 끊임없이 혁신을 위해 노력하기 때문이지. 즉 잠은 별로 안 자는데 계속 꿈을 꾸는 호기심 많은 아이 같다고 할까? 테슬라는 지금도 사이버트럭 양산, 운전자 없는 공유 차량 로보택시가 사고 없이

안착하는 꿈 등을 꾸고 있지. 예전만큼은 아니지만 투자자들은 계속해서 테슬라를 꿈이 달성되기까지 긴 듀레이션을 지닌 종목으로 생각하고 있단다.

정혁: 그런데 요즘 뉴스를 보면 트럼프와 머스크가 싸워서 머스크의 사업에 차질이 있을 거라고 걱정하던데요?

아빠: 그런 뉴스가 나와서 테슬라 주식이 하루에 10퍼센트 넘게 빠진 적도 있지. 하지만 여전히 테슬라가 위기를 극복하고 꿈을 달성할 거라고 생각하는 투자자가 많아. 그 사람들도 아빠의 심리지표 강의를 들었는지 가격이 내려가면 엄청나게 담던데?

- 성장주는 현재 당기순손실, 저조한 실적 등을 보이지만 높은 기술력, 미래 산업 등과 연관되어 향후 큰 수익을 얻을 것으로 예상하는 종목이 대부분이다.
- 성장주는 듀레이션이 긴 장기 채권처럼 주가지수 대비 높은 변동성을 지니고 있어 주가가 상승기에 있을 때 투자하는 것이 유리하다.
- 금리 민감도인 듀레이션처럼 주가지수에 대한 개별 종목의 수익률 변동을 측정하는 개념이 베타다.
- 성장주는 일반적으로 고베타(베타 1보다 큰 경우) 종목이다.

> 부록

코스피 고베타 기업 현황

2025년 9월 기준으로 1년 베타를 산출한 결과, 코스피를 구성하는 상위 10개사 산업 현황을 보면 반도체와 2차전지 등 성장기업이 주류를 이루었다. SK스퀘어, 에코프로, 포스코DX, 그리고 두산로보틱스 등이 상위 고베타 종목이다. 즉 반도체, 2차전지, 로봇 등 미래 산업과 관련된 '듀레이션이 긴' 종목과 경기 사이클에 민감한 화학 종목이 대체로 베타가 크다. 이들 종목의 현황은 다음과 같다.

코스피 고베타 상위 10개사
(2025년 9월 기준)

자료: Bloomberg

S&P 500 고베타 기업 현황

2025년 9월 현재 S&P 500 기준 베타가 높은 기업은 고속 컴퓨팅 제품을 제조하는 슈퍼마이크로컴퓨터Super Micro Computer(티커: SMCI), 가상 자산 사업을 하는 코인베이스Coinbase(티커: COIN), 인공지능 기반의 방위사업체인 팔란티어Palantir(티커: PLTR), 팹리스 반도체 기업 모놀리식 파워시스템즈Monolithic Power Systems(티커: MPWR), GPU 생산 기업인 브로드컴Broadcom(티커: AVGO)과 엔비디아NVIDIA(티커: NVDA) 등이다. 이 기업들은 2020년대에 들어서면서 생산성을 획기적으로 높여 주는 기술로 인공지능 상용화가 이루어지면서 주가지수 대비 높은 등락률을 보이고 있다.

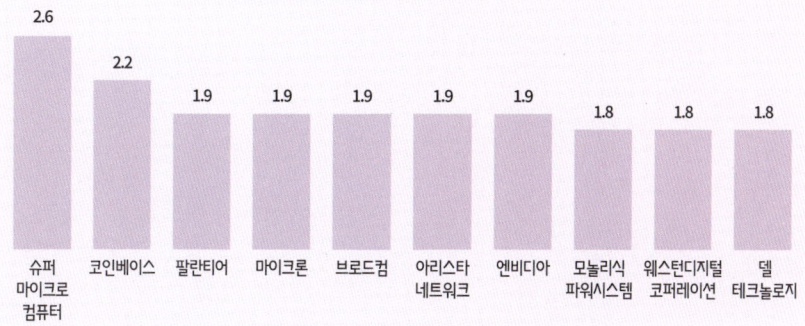

자료: Bloomberg

미국 성장주 ETF 상위 10개사

미국 성장주 ETF 상위 10개사 (시가총액 기준)

[단위: 억 달러]

티커	보유 종목 TOP3 (티커)	구분	시가 총액	수수료 (%)	수익률(%) 2022년	2023년	2024년	YTD*
QQQ	MSFT, NVDA, AAPL	나스닥	3,562	0.20	-32.6	54.9	25.6	15.4
VUG	AAPL, MSFT, NVDA	MSCI US	1,774	0.04	-33.2	46.8	32.7	15.4
IWF	MSFT, NVDA, AAPL	RUSSELL 1000	1,125	0.19	-29.3	42.6	33.1	13.9
VGT	AAPL, MSFT, NVDA	IT	963	0.09	-29.7	52.7	29.3	16.0
XLK	MSFT, NVDA, AAPL	IT	815	0.08	-27.7	56.0	21.6	16.7
IVW	NVDA, MSFT, META	S&P 500	610	0.18	-29.5	29.8	35.8	16.3
SCHG	MSFT, NVDA, AAPL	대형 성장	448	0.04	-31.8	50.1	35.0	13.2
SPYG	NVDA, MSFT, META	S&P 500	382	0.04	-29.4	30.0	35.9	16.5
VONG	AAPL, MSFT, NVDA	RUSSELL 1000	297	0.07	-29.2	42.7	33.2	14.1
MGK	AAPL, MSFT, NVDA	대형 성장	276	0.07	-33.6	51.7	32.9	15.4

* 2025년 9월 기준

자료: Yahoo Finance

인플레이션 시기에도
돈을 버는 기업

"아빠, 물가가 오르면 사람들이 쓸 수 있는 돈이 줄어들잖아요."

"대체로 그렇지."

"물가가 오르면 채권 금리도 같이 올라서 채권 가격은 내려가고, 금리가 오르면 기업의 현재 가치도 할인율 상승으로 떨어지고요."

"그렇지!"

"그런데 어제 경제 선생님께서 2020년대에 급격한 인플레이션이 일어났던 사례를 설명해 주셨거든요. 특히 러시아와 우크라이나가 전쟁을 시작했던 2022년 초에 유가가 배럴barrel(1배럴=158.9리터)당 100달러가 넘어서 인플레이션이 심각해졌다고 하셨어요."

"그랬지. 왜냐하면 제품을 만들려면 에너지가 필요한데, 에너지 가격이 올랐으니 제품 가격도 많이 올라가겠지?"

"그리고 선생님께서 인플레이션이 상승하면 기업 가치가 떨어지지만 오히려 주가가 상승하는 기업도 있다고 하셨는데, 종이 치는 바람에 구체적인 이유를 못 들었어요."

"인플레이션 중에 주가가 상승하려면 금리가 올라서 기업의 현재 가치가 하락하는 것 이상으로 돈을 많이 벌면 돼."

"어떻게요? 소비자의 호주머니는 얇아졌는데요?"

"꼭 필요한 제품은 호주머니가 얇아져도 사야 하잖아. 예를 들면 자동차 연료, 라면, 커피, 그리고 흡연자에게는 담배 같은 거 말이야."

"아빠 말씀을 들으니까 또 그렇네요."

"인플레이션이 심할 때 주가가 상승한 기업들을 보면, 물가가 상승한 만큼 제품 가격에 반영할 수 있는 시장점유율을 가진 경우가 대부분이야."

대표적 에너지 기업 '엑슨모빌'

정혁: 소비자의 호주머니 사정이 안 좋을 때도 반드시 사야 하는 필수품을 만드는 회사들은 가격을 올려서 팔아도 마진이 좋아서 주가가 오른다는 거죠?

아빠: 맞아, 유가 같은 에너지 가격이 올라도 운전하는 사람들은 연료가 꼭 필요하지. 에너지 변환을 통해 생산된 전기를 안 쓰고 호롱불로

버틸 수는 없잖아. 물론 정혁이 할아버지는 호롱불 아래에서 공부해 서울대에 갔다고 아빠에게도 분발을 촉구하셨지만 말이야.

아빠가 유가와 미국의 대표적인 에너지 기업 엑슨모빌ExxonMobil(티커: XOM)의 주가를 비교한 그래프를 보여 주며 말을 이어 간다.

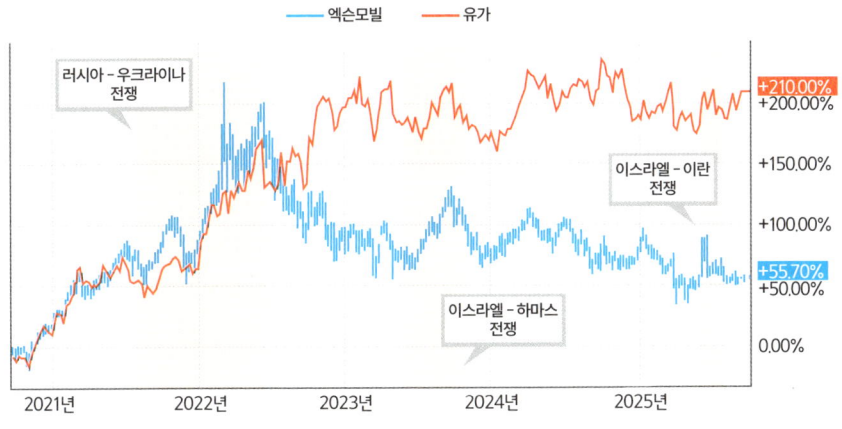

아빠: 엑슨모빌은 세계에서 가장 큰 규모의 정유 회사야. 휘발유 같은 에너지 제품은 우리 생활의 필수품이고 말이야. 그래서 유가가 올라간 만큼 제품 가격에 반영해도 팔리는 양은 크게 달라지지 않기 때문에 오히려 매출이 늘어나는 거지. 엑슨모빌의 손익계산서를 한번 볼까?

엑슨모빌 손익계산서
(2021~2024년)

[단위: 억 달러]

항목	2021년	2022년	2023년	2024년
매출액	2,767	3,987	3,347	3,392
영업이익	240	640	445	397
당기순이익	230	557	360	337
매출액 증가율	54.9%	44.1%	-16.0%	1.3%
순이익률	8.3%	14.0%	13.3%	9.9%

자료: Yahoo Finance

정혁: 확실히 물가가 엄청나게 뛰었던 2022년에 순이익률과 매출액 증가율이 늘었네요.

아빠: 그래서 2022년 대표적인 주가지수인 S&P 500 지수가 하락했는데도 '나 홀로 상승'을 보였지, 하하.

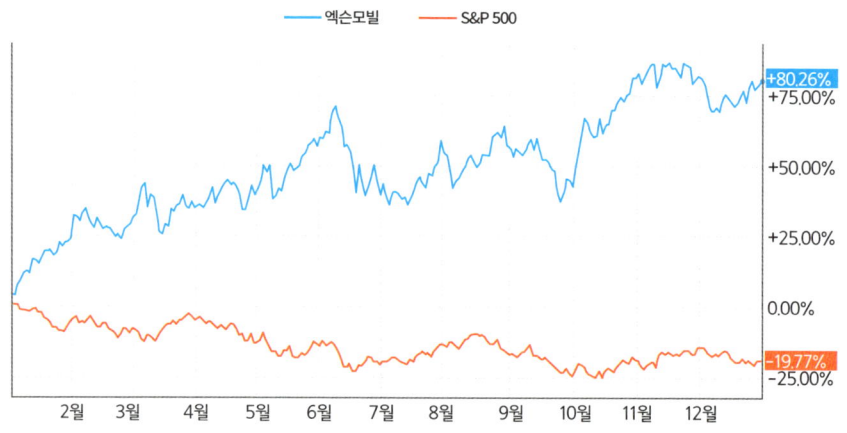

엑슨모빌과 S&P 500의 2022년 수익률 비교

자료: Yahoo Finance

정혁: 아빠, 내일 '주식탐정' 팀원들에게 물가가 올라서 기업 가치가 떨어지고 주가도 내려간다는 고정관념을 버리라고 할 거예요!

아빠: 그런데 물가가 올라가는 데는 다른 이유가 있을 수도 있어. 꼭 유가 때문에 물가가 올라가는 건 아니란다.

정혁: 음, 물가 얘기를 했더니 갑자기 정량으로 물을 잘 맞춘 아빠표 라면이 먹고 싶어졌어요. 배고파요.

필수소비재를 생산하는 '농심'

아빠: 정혁아, 다 됐다. 라면 먹자.

정혁이는 냉장고에서 깍두기를 꺼내고 숟가락과 젓가락을 챙긴다.

정혁: 역시 아빠표 라면은 정말 맛있어요! 비법이 뭐예요?

아빠: 아빠 친구 원만이 아저씨 알지? 얼마 전에 아들이랑 같이 집에 와서 저녁 먹고 간 아저씨.

정혁: 네, 원만이 아저씨 아들하고 일대일 농구 시합해서 제가 거뜬하게 이겼잖아요.

아빠: 그 아저씨 고향이 울산인데, 자칭 '울산라면' 끓이는 법을 아빠에게 알려 줬지. 물이 조금 데워졌을 때 스프를 넣는 게 핵심이야.

정혁: 아아.

아빠: 그런데 이 서민의 음식 라면이 이제 한 봉지에 1,000원이 넘는 시대가 됐네.

정혁: 하지만 라면을 안 먹을 수는 없어요. 생필품이나 마찬가지잖아요.

아빠: 하하, 맞아. 그래서 물가가 오를 때 라면 같은 필수품을 생산하는 회사가 돈을 많이 벌지.

아빠가 그래프를 하나 보여 준다.

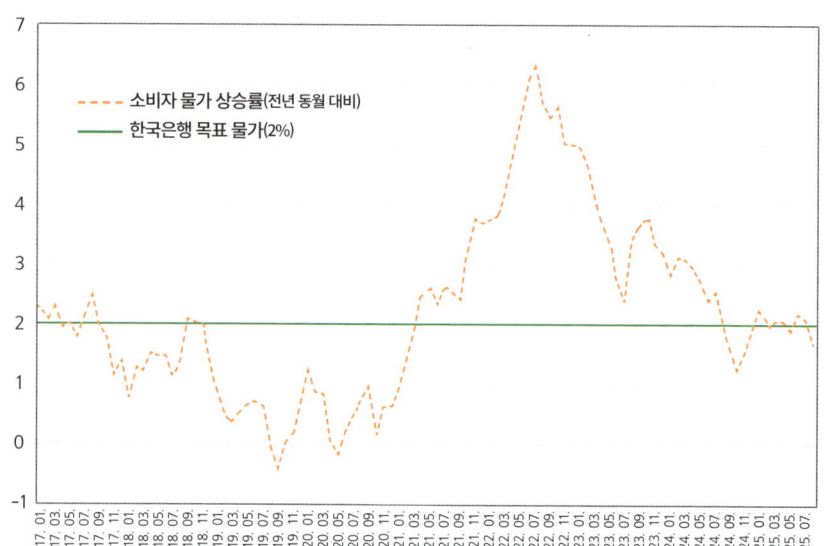

아빠: 미국만큼은 아니지만 우리나라 소비자 물가도 지난 2022년 이후 상당히 올랐단다. 경기가 좋지 않은 데다 물가까지 올라서 삶의 질이 많이 떨어졌지.

정혁: 역시 2022년이네요.

아빠: 지금은 한국은행이 기준금리를 올려서 겨우 목표치 수준으로 금리를 잡아 놓긴 했지만, 그 과정에서 시중의 돈을 회수하는 효과가 나타나니까 경기는 매우 안 좋았어. 그래도 독야청청 주가가 올랐던 곳이 바로 라면을 만드는 회사였지. 물가가 오른 만큼 라면 가격을 올렸지만 어쨌든 사람들은 라면을 사 먹었거든. 그래서 라면 회사는 돈을 많이 벌었어.

농심 손익계산서
(2021~2024년)

[단위: 억 원]

항목	2021년	2022년	2023년	2024년
매출액	26,630	31,291	34,106	34,387
영업이익	1,061	1,122	2,121	1,631
당기순이익	998	1,161	1,719	1,573
매출액 증가율	0.9%	17.5%	9.0%	0.8%
순이익률	3.7%	3.7%	5.0%	4.6%

자료: Yahoo Finance

정혁: 역시 라면의 힘은 대단해요. 2022년에는 물가가 상승했는데도 순이익률이 2021년이랑 똑같고 매출액은 훨씬 많아졌어요.

아빠: 음식값이 비싸지니까 점심 정도는 외식을 했던 사람 중에도 라면으로 대체하는 일이 늘어났겠지? 아빠도 회사에서 점심 먹을 때 구내식당을 이용하거나 분식집에서 김밥과 라면으로 때우는 날이 많았거든. 어쨌든 물가가 계속 상승했던 2022~2023년에 마이너스 수익률을 보인 코스피와 비교해서 농심의 수익률은 플러스를 보였어. 라면의 힘 때문이지.

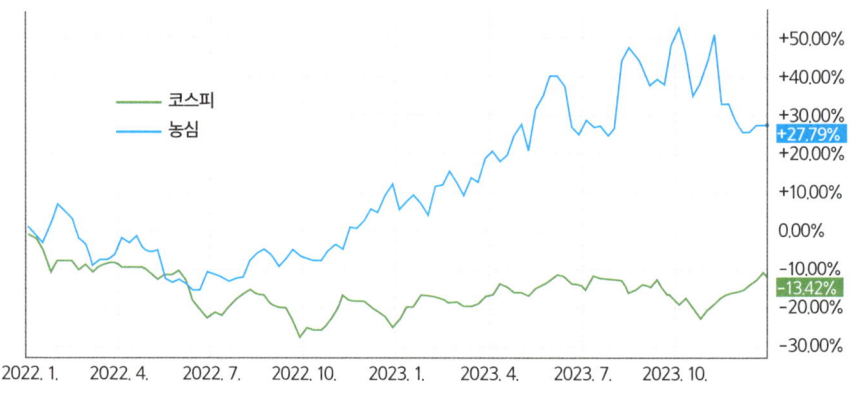

농심과 코스피 2022~2023년 수익률 비교

자료: Yahoo Finance

정혁: 저는 그동안 경기가 좋아야만 주가가 뛴다는 고정관념이 있었나 봐요. 경기가 안 좋을 때도 솟아날 구멍이 있다는 걸, 아빠의 인플레이션에 강한 주식 설명을 들으면서 깨달았어요!

- 인플레이션 시기에는 금리 상승이 동반되며, 금리가 담당하는 현재 가치 환산을 위한 할인율 상승으로 기업의 현재 가치가 하락하는 것이 보통이다.
- 인플레이션 시기에도 할인율 상승 이상으로 돈을 벌 수 있는 기업은 주가가 상승한다.
- 기업이 인플레이션 시기에 수익을 낼 수 있는지 없는지는 시장을 충분히 지배할 수 있는 영향력과 인플레이션 상승분만큼의 판매가 이전 능력에 달렸다.
- 인플레이션 시기에도 돈을 버는 대표적인 기업 유형에는 에너지 기업 및 필수소비재 기업이 있다.

> 부록

필수소비재 및 에너지 분야 주요 종목

미국 시가총액 기준 필수소비재 분야 상위 10개사

[단위: 억 달러]

회사명	주요 제품	시가총액	연도별 주식 수익률(%)				
			2021년	2022년	2023년	2024년	YTD*
S&P 500	–	–	28.8	−20.0	24.7	24.0	12.2
월마트	할인 매장	7,643	0.3	−0.4	11.5	72.2	15.4
코스트코	할인 매장	4,350	50.5	−18.9	50.1	41.6	5.1
P&G	가정용품	3,605	21.7	−4.7	−0.9	15.5	−4.3
코카콜라	콜라	2,990	15.8	10.4	−3.4	7.3	7.7
필립모리스	담배	2,813	22.7	11.5	−1.9	32.3	38.2
펩시콜라	콜라	1,859	23.9	7.2	−2.6	−9.2	−7.1
유니레버	가정용품	1,521	−7.9	−3.3	−0.4	20.9	10.1
안호이저부쉬	맥주	1,338	−12.5	−4.3	9.8	−20.9	17.5
BAT	담배	1,132	7.3	13.4	−21.0	33.1	41.4
알트리아	담배	979	24.7	3.1	−3.3	36.6	25.3

* 2025년 9월 기준

자료: Yahoo Finance

미국 시가총액 기준 에너지 분야 상위 10개사

[단위: 억 달러]

회사명	주요 제품	시가 총액	연도별 주식 수익률(%)				
			2021년	2022년	2023년	2024년	YTD*
S&P 500	-	-	28.8	-20.0	24.7	24.0	12.2
엑슨모빌	정유	4,909	56.5	80.5	-2.9	87	7.2
쉐브론	정유	2,648	45.8	55.9	-10.9	1.1	10.5
쉘	정유	2,090	25.3	31.1	22.3	-1.0	14.0
토털에너지	정유	1,379	24.6	30.6	15.4	-15.0	12.3
코노코필립스	정유	1,189	88.6	68.0	6.4	-13.3	-5.4
엔브리지	캐나다 소재	987	30.9	6.0	-1.0	22.9	15.7
BP	영국 소재	830	34.4	33.3	7.9	-12.1	16.0
페트로브라스	브라질 국영	783	20.9	54.8	112.1	-2.4	0.5
윌리엄스 컴퍼니	천연가스	721	38.0	30.5	14.5	59.2	3.0
엔터프라이즈 프러덕트 파트너스	에너지 운송	691	23.3	14.8	17.2	26.6	2.3

* 2025년 9월 기준

자료: Yahoo Finance

국내 시가총액 기준 필수소비재 분야 상위 10개사

[단위: 억 달러]

회사명	주요 제품	시가총액	연도별 주식 수익률(%)				
			2021년	2022년	2023년	2024년	YTD*
KOSPI	-	-	1.1	-25.2	19.3	-10.1	44.3
KT&G	담배	14.7	2.1	23.2	3.6	21.6	30.1
삼양식품	음식료	11.0	-4.2	33.5	77.4	227.2	107.2
아모레퍼시픽	뷰티	7.8	-17.3	-17.0	8.1	-25.8	20.1
에이피알	뷰티	6.3	-	-	-	-	334.0
LG생활건강	뷰티	4.8	-31.2	-34.1	-50.2	-13.8	-4.1
오리온	음식료	4.8	-15.3	25.8	-6.5	-12.4	7.0
CJ제일제당	음식료	3.8	2.1	1.7	-13.1	-19.5	-6.5
코스맥스	뷰티	2.8	-9.2	-15.4	72.2	23.2	55.3
이마트	할인매장	2.6	1.0	-33.6	-19.2	-12.9	26.5
한국콜마	뷰티	2.5	-20.3	7.7	32.7	3.0	45.7

* 2025년 9월 기준

자료: 삼성 KODEX ETF

국내 시가총액 기준 에너지(정유, 가스) 분야 상위 5개사

[단위: 억 달러]

회사명	주요 제품	시가총액	연도별 주식 수익률(%)				
			2021년	2022년	2023년	2024년	YTD*
KOSPI	-	-	1.1	-25.2	19.3	-10.1	44.3
SK이노베이션	정유	17.1	3.2	-37.2	-7.6	-20.1	-3.7
HD현대**	정유, 조선	9.6	6.4	12.1	19.0	31.2	104.3
S-Oil	정유	7.2	27.1	-2.0	-13.9	-20.0	7.1
SK가스	가스	2.6	28.7	-2.5	36.6	43.4	16.7
E1	가스	0.6	15.6	2.9	52.4	15.8	16.3

* 2025년 9월 기준   ** 현대오일뱅크 모회사

자료: 삼성 KODEX ETF

저평가된 주식에 가치 투자하는 방법
(feat. 하이일드 채권)

"어제 경제 선생님께 인플레이션에 강한 주식에 대해서 자세한 설명을 들었어요. 아빠가 설명해 주신 내용이랑 똑같더라고요!"

"선생님께서 아빠와 다른 설명을 하실까 봐 걱정했는데 다행이구나, 허허."

"그런데 선생님께서 앞으로 중앙은행이 돈을 퍼붓는 시대는 없을 거라고 하셨어요. 주식으로 돈을 벌 수 있는 시대는 지났다고요. 그러면서 저에게 아빠가 훌륭한 채권 매니저니까 채권 공부를 열심히 하라고 하셨어요."

"오크트리캐피털Oaktree Capital의 창립자 하워드 막스Howard Marks의 말이 생각나네. '앞으로 저금리 시대는 오지 않을 것이다. 이지머니Easy Money(시장에 자금이 풍부하게 공급된 상태)는 끝났다'고 했지."

"돈 벌기가 어렵다는 뜻인 거 같아요. 그러면 어떻게 투자해요?"

"선생님께서 채권 공부를 많이 하라고 하셨지? 거기에 정답이 있을 거 같은데? 이런 시장에서는 채권 투자가 주식 투자보다 더 낫다고 생각하신 거 아닐까?"

"아빠가 채권은 비가 오나 눈이 오나 수익이 정해져 있다고 하셨고, 주식 투자자는 회사가 잘돼야 추가 수익을 얻을 수 있다고 하셨잖아요. 그러면 앞으로 주식 투자를 해도 추가 수익을 얻기 힘든 환경이 되는 거예요?"

"그야 모르지. 그런데 채권과 주식의 기대 수익률을 보면 어디에 투자하는 게 더 나은지 판단할 수 있을 거야. 아빠가 그림을 좀 보여 줄게."

아빠가 채권과 주식의 투자 수익률 분포를 보여 준다.

채권과 주식 수익률 분포

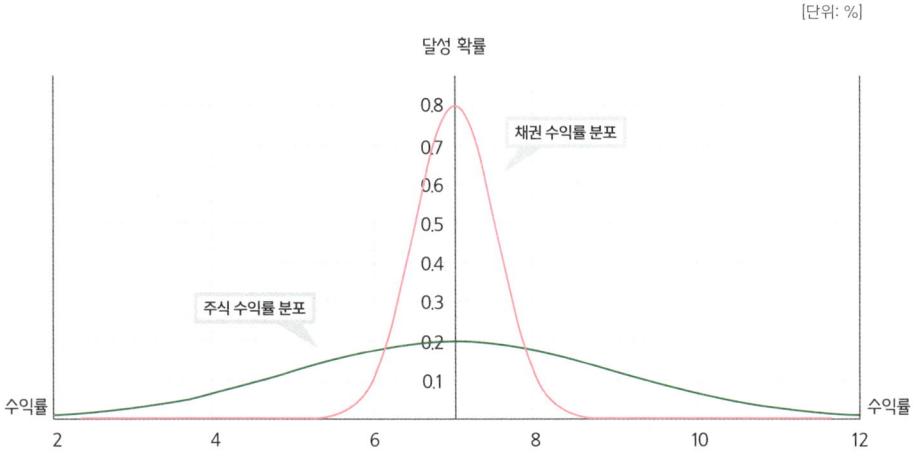

"아빠, 그림을 잘 이해 못 하겠어요."

"자, 주식 투자를 했을 때 기대할 수 있는 수익률은 운이 좋다면 12퍼센트 이상이야. 하지만 그건 거의 0퍼센트에 가까운 낮은 확률이야. 그런데 채권은 대체로 7퍼센트대 수익을 낼 가능성이 높다는 걸 나타낸 그림이야. 즉 지금은 하이일드 채권처럼 회사가 망할 가능성은 낮으면서도 꽤 큰 수익을 얻을 확률이 높은 상품에 투자하는 게 자칫 돈을 잃을 수도 있는 주식에 투자하는 것보다 낫다는 거지. 또 다른 그림을 보여 줄게."

아빠가 주식과 채권의 기대 수익률을 나타내는 그림을 보여 준다.

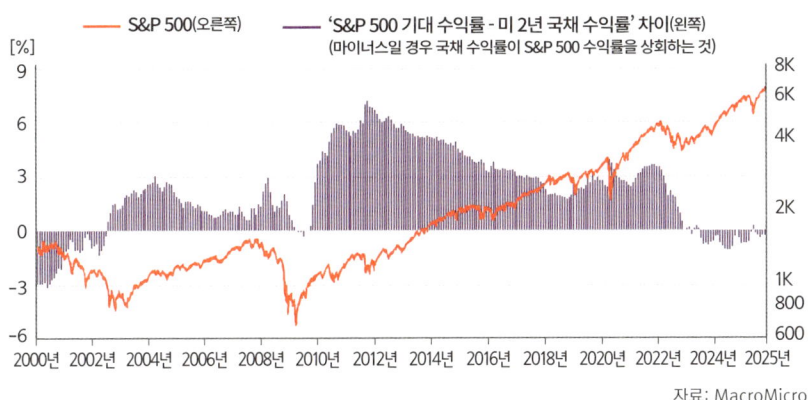

'S&P 500 기대 수익률 − 미 2년 국채 수익률' 차이 추이
(2000. 1.~2025. 9.)

자료: MacroMicro

"미국 국채는 안전자산이라더니, 짧은 국채의 수익률도 주식 수익률보다 높네요?"

"그렇지. 지금 주가가 고평가되어 있다는 뜻이야."

"아빠, 저는 주식 수익률이라는 걸 매수 가격보다 비싸게 매도를 잘해서 얼마나 수익을 올릴 수 있을지에 대한 기대 수익률로 알고 있는데요. 채권은 금리라는 직관적인 숫자로 수익률을 보여 줘서 이해하기 쉬운데, 주식 수익률은 어떻게 알 수 있어요?"

주식 수익률은 PER의 역수

아빠: 주가는 한마디로 뭐라고 해야 할까, 기업 가치를 발행한 주식 수로 나눈 거야. 주식 투자자는 기업 가치가 올라가는 것에 베팅해서 추가 수익을 얻는 집단이라고 했잖아?

정혁: 네.

아빠: 그러면 반대로 주가에 발행 주식 총수를 곱한 건 뭘까?

정혁: 시가총액이라고 하잖아요.

아빠: 그렇다면 이론상으로는 시가총액과 기업 가치가 같아야 하지 않을까?

정혁: 아, 그러네요? 주식 투자자는 기업 가치가 올라가는 데 투자하고, 그 기업 가치는 거래소에서 시가총액이라는 이름으로 불리니까요.

아빠: 그런데 실제로 그럴까?

정혁: 아빠가 그렇게 물으니까 당연히 아닐 거 같아요.

아빠: 주식 투자자는 기업이 미래에 계속 커 나갈 거라는 믿음으로 투자하는 게 일반적이야. 회사가 잘된다면 지금의 기업 가치보다 비싸게라도 사고 싶지 않을까?

정혁: 그럴 거 같아요! 예를 들면 테슬라나 엔비디아 같은 기업 말씀이죠?

아빠: 정답이야. 그래서 시가총액이 기업 가치보다 높은 경우가 많아. 그러니까 투자하는 가치는 시가총액이고, 실제 투자로 벌어들인 돈은 회사의 순이익 아닐까?

정혁: 투자 대비 얼마나 돈을 벌 수 있는지가 중요하니까요?

아빠: 그러면 시가총액을 다시 발행 주식 수로 나누면 주가, 기업의 순이익을 발행 주식 수로 나누면 주당순이익이지. 이 주당순이익을 EPS^{Earning Per Share}라고 한단다.

정혁: 그러면 내가 투자한 주식에서 얼마나 돈을 벌 것인지를 측정하는 것은 EPS에서 주가를 나눈다는 거죠?

아빠: 맞아. 그런데 우리는 주가를 EPS로 나눈 지표, 즉 PER^{Price Earning Ratio} 또는 PE Ratio^{Price-earnings Ratio}라고 하는 '주가수익비율'을 사용해서 기업이 얼마나 저평가됐는지 살펴본단다.

정혁: PER이요?

아빠: 주식 수익률은 PER의 역수야. 그래서 PER이 작을수록 주식 수익률이 높아져. 여기에 해당하는 주식은 고퀄리티 하이일드 채권처럼 높은 수익을 보장받을 가능성이 높단다.

아빠가 핸드폰으로 기사를 하나 보여 준다.

참고 기사

'68억 6,500만 원.'

주식시장 문호를 처음 외국인에게 개방한 1992년 1월 3일. 외국인은 약 69억 원어치 주식을 직접 매수하며 한국 자본시장에 첫발을 내디뎠다. 바다 건너 날아든 수십억 원의 '불씨'는 서울 여의도 증권거래소 전자게시판을 온통 붉은색으로 물들였다. 전체 766개 상장 종목 가운데 512개가 가격제한폭(기준가격별로 최고 6.7%)으로 치솟았다. 종합주가지수는 624.23으로 13.31포인트(2.2%) 뛰어올랐다.

증시 개방 원년인 1992년 외국인은 국내 증시에서 약 1조 5,000억 원어치를 순매수했다. 이후 25년여에 걸쳐 500조 원 규모의 국내 주식을 쓸어 담았다. 내재가치에 초점을 맞춘 종목 선정은 재료와 풍문에 의존해온 투자 행태에도 큰 변화를 일으켰다. 우물 안에 갇혀 있던 국내 투자자들은 이를 '저(低)PER주 혁명'으로 부르며 놀라워했다.

(중략)

'低PER주 혁명'

"태광산업이 대우전자보다 비싸다고?"

외국인은 직접 투자 빗장이 풀리자마자 태광산업 한국이동통신서비스(현 SK텔레콤) 신영(현 신영와코루) 대한화섬 등 주가수익비율(PER·시가총액/순이익)이 낮은 주식을 쓸어 담았다. 1992년 1월 증시 개방 당일 5만 원 수준이었던 태광산업 주가는 다음달 증시 사상 처음으로 10만 원을 뛰어넘으며 화제의 중심에 섰다. 연초 태광산업 PER은 약 2배로 여전히 저평가 영역이었지만, 낯선 현상에 당황한 투자자들 사이에선 '저PER주 혁명'이란 말이 크게 유행했다. 브레이크 없는 상승으로 '황제주'로 불리던 태광산업은 1995년 주당 70만 원, 시가총액 8,000억 원을 돌파하며 주식의 적정 가치를 둘러싼 갑론을박에 불을 지폈다. 과거 '트로이카주(건설·금융·무역)'로 불린 삼성물산과 동아건설은 물론 대우전자와 현대자동차써비스(1999년 현대자동차와 합병)까지 능가했기 때문이다.

외국인의 가치주 사냥은 대형 우량주를 중심으로 매년 전체 주가 수준을 밀어올렸다. 정부는 주식시장 침체 징후가 나타날 때마다 소유 한도를 단계적으로 확대(1992년 일반 종목의 10%→1996년 20%)했고, 외국인은 신규 매수 주체로 등장해 주가를 떠받쳤다. 1980년대 말 상장한 포항제철공업(포스코)과 한국전력 등 '국민주' 청약자들의 손실 만회에도 외국인들이 1등 공신 역할을 했다. 개방 3년차인 1994년 9월 코스피지수는 5년여 만에 1000을 회복했다.

(이하 생략)

이태호, 「외국인 들어오자 '低PER株 투자' 러시…'우물 안' 개미들은 환호했다」 (한국경제, 2018. 11. 23.)

아빠: 외국인들이 우리나라 주식시장에 처음 투자를 시작했을 때 주가가 계속 '기어다는 것'을 의아해하면서 '이거 저평가된 거 아닐까?'라는 생각에 기업별로 PER를 계산했더니 터무니없이 낮았던 거야. 그래서 저PER주를 쓸어 담았지.

정혁: 회사의 가치를 제대로 평가하면 돈을 벌 수 있다는 거네요?

아빠: 이렇게 기업 가치 대비 주가가 낮은 주식을 적극적으로 매수하는 걸 '가치주 투자'라고 해. 정혁아, 채권의 듀레이션 개념을 설명할 때 들었던 성장주 기억나지?

정혁: 네, 성장주는 미래에 급속도로 성장할 걸 예상해서 현재는 돈을 벌지 못해도 앞으로 돈 많이 벌 날을 그리며 투자하는 전략이라고 이해했어요.

아빠: 성장주는 베타가 높아서 주가가 떨어지는 날에는 더 떨어져서 슬프고 올라가는 날에는 더 올라가서 기쁜, 일희일비가 심하다는 단점이 있어. 반면에 가치주 투자는 언젠가는 생각하는 기업 가치에 도달할 거라 믿고 투자하는 장기 투자가 대부분이라서 좀 더 편하게 두 다리 뻗고 잘 수 있지.

정혁: 그러면 PER이 낮으면 항상 가치 투자에 적합해요?

아빠: 꼭 그렇지는 않아. PER이 낮은 기업은 둘 중 하나야. 우선 돈을 엄청나게 벌고 있는데 주가가 낮다면 가치 투자에 적합해. 하지만 돈벌이는 시원치 않은데 주가가 너무 낮다면 적합하지 않아. 회사의 성장 가능성이 높지 않거나 수익성이 너무 없어서 투자 가치가

떨어지거든.

정혁: 아빠, 돈은 벌 수도 있고 못 벌 수도 있잖아요. 만약에 기업이 순손실을 입으면 PER는 마이너스가 되잖아요. 이러면 쓸모없지 않아요?

PBR이 낮은 주식에 주목

아빠: 하하, 정혁이가 예리하게 봤는데? 맞아, PER가 마이너스라는 건 회사 가치가 마이너스라는 말이라서 지표로는 적절하지 않아. 그래서 다른 방법으로 회사가 저평가되어 있는지 판단한단다.

정혁: 그게 뭐예요?

아빠: PBR^{Price to Book Ratio}, 우리말로는 '주가순자산비율'이라고 해.

정혁: 주가순자산비율이요? 순자산이라면 자산에서 부채를 뺀 거잖아요.

아빠: 맞아, 즉 자본을 말해. 아빠가 예전에 국책은행 지점에서 근무한 적이 있단다. 그때 지점장님이 "신 주임, A사 기업 가치 좀 계산해봐. 회사 코드는 이거야"라면서 기업 가치 계산을 시켰어. 아빠는 입사한 지 얼마 되지 않아서 기업 가치를 어떻게 계산하는지 몰랐는데…….

정혁: 회사가 상장됐으면 시가총액을 알려 드리면 되는 거 아니에요?

아빠: 하하, 그 회사는 벤처기업이었어. 설립한 지 5년이 채 안 된 상장되지 않은 기업이었지. 그런데 사수였던 과장님이 "신 주임, 기업 가

치 계산은 기업의 수익가치와 자산가치를 각각 50퍼센트(실무에서는 수익과 자산가치를 40~60퍼센트 사이의 비중으로 가중평균 해서 기업 가치 산출) 적용해서 가중평균을 매기면 돼"라고 하는 거야.

정혁: 수익가치와 자산가치가 뭔데요?

아빠: 아빠도 똑같이 물어봤지. 수익가치는 기업의 순이익 또는 영업이익을 말하는 거고, 자산가치는 순자산가치를 말하는 거라고 했어. 순자산가치는 자산에서 부채를 뺀 나머지, 그러니까 자본을 의미해. 그러면서 과장님이 이러는 거야. "수익과 자본 다 그 기업 거잖아. 기업이 가진 재산으로 얼마나 돈을 버는지가 주가의 기본이야. 나니까 가르쳐 주는 거야"라고 말이야.

정혁: 아, 그러면 PBR이 낮은 기업도 저평가돼서 가치 투자하기에 좋은 거네요?

아빠: 딩동댕! 일종의 '청산가치(기업이 파산 등의 이유로 영업 활동을 중단해 청산하는 경우를 가정해서 매긴 자산가치를 장부가와 대비했을 때 회수 가능한 금액의 가치)'라고 볼 수 있는데, 예를 들어서 주식 투자를 한 기업이 망했다고 가정해 보자. 이때 채권 투자자 같은 선순위권자에게 먼저 상환하고 남은 기업의 재산이 자본이야. 그 자본이 꽤 크면 주식 투자자도 가져갈 몫이 생겨. 그래서 PBR 1 이하의 기업, 즉 망해도 주식 투자자의 원금을 보존할 수 있는 수준의 저평가 주식이 주목받고 있어.

정혁: 오오, 정말 그러겠네요!

아빠: 그런데 주식 투자자는 PBR이 낮은 기업에 이렇게 말할 수 있어. "회사의 자산 운용이 너무 비효율적이니, 가지고 있는 자본의 일부를 주주들에게 나눠 달라"고 말이야. 자본은 기업의 돈이긴 하지만 투자도 하지 않는다면, 주주 입장에서는 배당이나 자사주 매입 후 소각 같은 환원 운동을 펼칠 수 있는 거야. 그게 기업의 주가를 끌어올리기도 해.

아빠가 기사와 그래프를 보여 준다.

참고 기사

(전략)

16일 투자은행(IB)업계에 따르면 얼라인파트너스는 최근 JB금융지주의 지분 14%를 취득하는 주식매매계약을 체결했다. 이번주 중 잔금을 납입하고 거래를 마무리할 계획이다. 거래가 완료되면 얼라인파트너스는 삼양사에 이은 2대 주주에 오른다.

얼라인파트너스는 JB금융의 주가가 수익성 및 건전성에 비해 저평가됐다고 판단해 투자 결정했다. JB금융지주는 올 1분기 역대 최고인 1,668억 원의 순이익을 냈다. 같은 기간 자기자본이익률(ROE)은 16%, 순이자마진(NIM)은 3%로 동종업계 최고 수준을 기록했다. 배당수익률도 7%대로 높아 주주 친화적인 기업으로 꼽힌다.

반면 주가순자산비율(PBR) 0.4배, 주가수익비율(PER) 3.1배로 국내 금융지주사 평균(PBR 0.36배·PER 4~5배)과 비슷하거나 더 낮다. 16일 마감 기준으로 JB금융지주의 주가는 주당 8,679원, 시가총액은 1조 7,078억 원이다.

게다가 기준금리 인상에 따른 이자수익 증가로 JB금융지주가 속한 금융업종이 전반적으로 혜택을 볼 것이라는 전망이 지배적이다. 지난해 역대급 실적을 낸 국내 금융지주사들은 배당성향을 30% 수준까지 올리겠다는 중장기 전략을 앞다퉈 내놓고 있다. JB금융 역시 현재 24% 수준인 배당성향을 지속적으로 확대할 방침이어서 얼라인파트너스와 같은 주주들의 수익률도 오를 것으로 관측된다.

얼라인파트너스는 JB금융지주 주가를 시가 수준인 약 8,600원으로 계산해 총 2,400억 원에 해당 지분을 인수한다. 거래금액의 절반가량은 KB국민은행으로부터 인수금융 대출을 조달할 예정이다. 인수금융을 활용해 투자 수익률을 높이려는 전략으로, 기대 수익률은 내부수익률(IRR) 기준 20%다. 얼라인파트너스는 몇 차례의 자본재조정(리파이낸싱)을 통해 투자자를 교체하면서 장기적으로 지분을 보유할 계획으로 알려졌다.

(이하 생략)

박시은·차준호, 「행동주의펀드 얼라인파트니스, JB금융지주 2대 주주 된다」(한국경제, 2022. 5. 16.)

정혁: 이게 배당의 힘인가요?

아빠: 그래프에서 나타난 것처럼 불필요한 현금을 쌓아 두지 않고 주주에게 환원하면 주가도 오르고, 주가가 오르면 기업 가치를 끌어올릴 수 있지. 실제로 이 기업의 PBR은 계속 올라서 1에 근접하고 있단다. 주주환원 정책은 주주의 이익을 중시하는 신호로 받아들여져서 투자자의 신뢰를 높이고, 결과적으로 PBR의 상승을 불러오지.

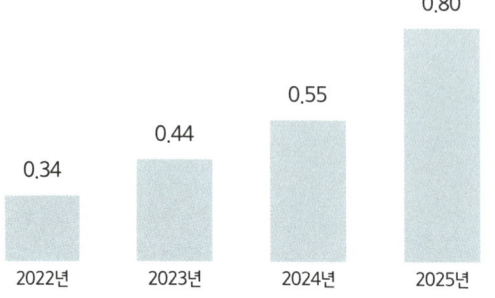

추락천사와 라이징스타

정혁: 아빠, 저PER주와 저PBR주 투자는 고퀄리티 하이일드 채권 투자와 같다고 하셨잖아요. 그런데 높은 기대 수익률 외에 어떤 의미가 있을까요? 내일 동아리에서 토론 주제로 정해서 얘기해 보려고요.

아빠: 고퀄리티 하이일드 채권이라는 건 기업의 실적은 좋은데 신용등급이 계속 하이일드 등급에 머물러 있다는 의미거든. 그런데 만약 기업의 가치를 인정받아서 하이일드 등급에서 투자 등급으로 상향 조정된다면 어떨까? 투자할 사람이 엄청 늘어나겠지? 이제 안심하고 투자할 수 있으니까 말이야.

정혁: 네, 그럴 것 같아요.

아빠: 이런 기업을 라이징스타Rising Star라고 해. 어둠의 하이일드 등급에

서 밝은 투자 등급으로 떠오르는 기업! 그래서 '떠오르는 별'이라는 거지. 정혁아, 코로나19 팬데믹 시기에 아빠하고 〈라스트댄스〉 본 거 기억나지?

정혁: 아, 마이클 조던Michael Jordan('농구황제'라는 별칭과 함께 NBA 우승 6회, 파이널 MVP 6회 수상 등 역사상 가장 뛰어나다고 인정받은 농구선수)과 시카고불스(1990년대 NBA 우승 6회를 달성한 미국 프로농구팀)에 대한 이야기요?

아빠: 맞아, 코로나 때 바깥 활동을 못하는 바람에 집에서 TV로 영화를 많이 봤잖아. 그때 넷플릭스는 돈을 무진장 벌게 되면서 하이일드 등급에서 투자 등급으로 순위 상승을 하게 된단다. 넷플릭스의 주가 추이를 한번 볼까?

넷플릭스 주가 추이
(신용등급 S&P 기준)

자료: Yahoo Finance

정혁: 2022년 초기 빼고는 계속 주가가 올랐네요. 그런데 아빠, 좋은 주식을 비싸게 사는 것보다 나쁜 주식을 아주아주 싸게 사는 게 중요하다고 경제 선생님께서 말씀하셨거든요. 그래서 궁금한 건데 라이징스타의 반대도 있어요?

아빠: 추락천사 Fallen Angel라고 하지. 라이징스타와 반대로 추락천사는 신용등급이 투자 등급에서 하이일드 등급으로 떨어진 기업을 의미한단다.

정혁: 고퀄리티 하이일드 등급 기업과는 거리가 멀겠네요? 신용등급이 떨어졌다는 건 기업이 망할 수도 있다는 거잖아요.

아빠: 맞는 말이야. 정말 저렴한 게 아니라면, 회사의 가치가 근본적으로 떨어진 거라서 되도록 추락천사에 투자하는 일은 피하는 게 좋다고 아빠는 생각한단다.

정혁: 정말 '싼 게 비지떡'일 수 있겠네요.

- 보통은 추가 수익을 목표로 하는 주식 투자자의 기대 수익률이 고정수익 Fixed income에 초점을 맞추는 채권 투자자들의 기대 수익률보다 높다.
- 금리 인상기에는 오히려 채권 수익률이 상승하면서 주가 수익률보다 높아진다.
- 높은 이자와 신용등급 상승의 기대감이 있는 하이일드 채권 투자와 대응되는 주식 투자로 저PER주와 저PBR주에 투자하는 가치 투자가 있다.
- PER은 주가를 주당순이익으로 나눈 값이며, 이것의 역수가 주가수익률이다. 저PER주 투자 시에는 이익이 주가 대비 높은 증가율을 보이는 기업을 선별할 줄 알아야 한다.
- 기업의 순이익이 마이너스일 경우 PER 지표는 무용지물이다.
- PBR은 주가를 순자산(자본)으로 나눈 값이며, 저PBR의 사유가 회사가 비효율적으로 현금을 보유하고 있는 경우라면 주주환원 가능성이 높아지고 주가 상승의 원동력이 된다.
- 신용등급이 하이일드 등급에서 투자 등급으로 상향되는 기업을 라이징 스타라고 하며, 이는 회사의 실적이 개선되어 원리금 상환에 문제가 없다고 공식적으로 평가를 받는 경우다.
- 신용등급이 투자 등급에서 하이일드 등급으로 강등되는 기업을 추락천사라고 하며, 주가가 아무리 저렴하더라도 회사의 근본적인 가치 자체가 훼손되는 경우가 많다. 따라서 주가가 싸더라도 해당 기업에 투자하는 것은 바람직하지 않다.

> 부록

S&P 500 및 코스피 PER, PBR 하위 20개 기업

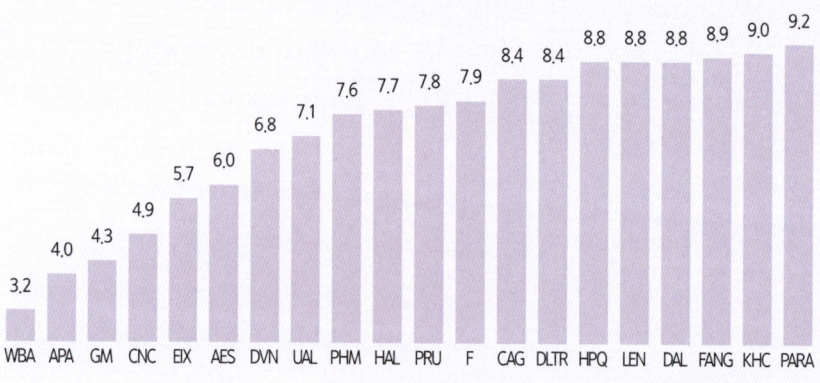

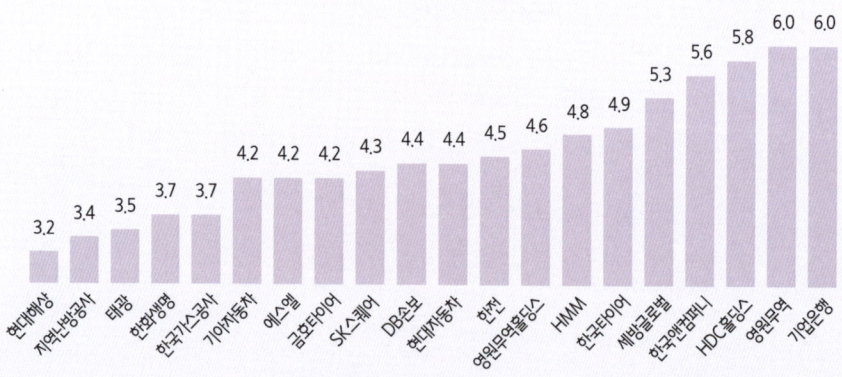

S&P 500 저PBR주
(2025년 9월 기준)

자료: Bloomberg

코스피 저PBR주
(2025년 9월 기준)

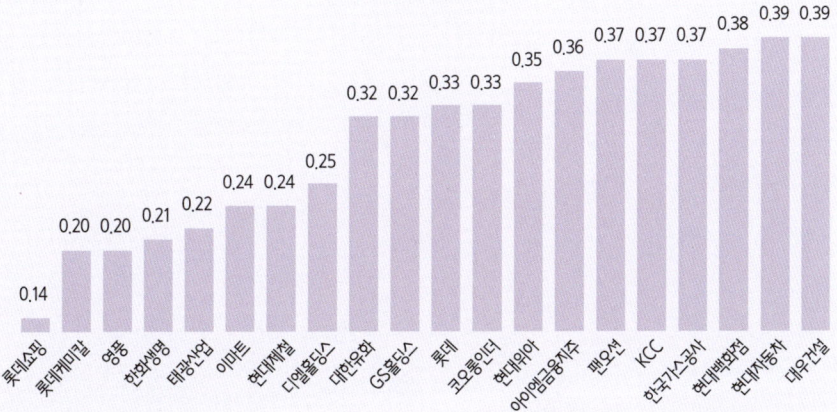

자료: Bloomberg

가치주 ETF

주요 가치주 ETF 현황

[단위: 억 달러]

티커	보유 종목 TOP3 (티커)	구분	시가 총액	수수료 (%)	수익률(%)			
					2022년	2023년	2024년	YTD*
VTV	BRK-B, JPM, XOM	-	1,403	0.04	-2.1	9.3	15.9	9.8
VBR	ATO, SW, NRG	스몰캡	304	0.07	-9.4	16.0	12.4	6.8
XLE	XOM, CVX, COP	에너지	280	0.08	64.2	-0.6	5.5	4.7
DVY	MO, F, VZ	유틸리티	201	0.38	1.8	1.2	16.3	7.0
CGDV	MSFT, AVGO, RTX	배당/가치	197	0.33	-	28.8	20.1	19.0
AVUV	AL, GATX, URBN	스몰캡	169	0.25	-4.9	22.8	9.3	6.2
IWS	MSTR, AJG, WMB	미드캡	130	0.23	-12.3	12.5	12.9	8.0
DFIV	SHEL, TTE, SAN	글로벌	116	0.27	-3.7	17.7	7.3	30.6
447430**	세아제강, 영원무역, SK가스	국내 가치주	630억 원	0.70	-	17.3	16.8	18.9

* 2025년 9월 기준
** ACE 주주환원가치주액티브

자료: Yahoo Finance, 한국거래소 정보시스템, ETF Database

개별 종목의 비체계적 위험을 제거하는 투자
(feat. 크레디트 스프레드)

"어어, 그래. 차 차장, 지금 전반적으로 크레디트 스프레드가 너무 낮으니까 하이일드 채권의 금리가 아무리 높아도 듀레이션 긴 걸 매수하기는 적절치 않아 보여… 오케이, 수고해!"

때마침 방에서 거실로 나오던 정혁이가 아빠의 전화 통화 내용을 듣는다.

"아빠, 지난주에는 하이일드 채권이 주식 대비 매력적인 상황이라고 말씀하셨잖아요. 그런데 지금은 살 시기가 아니에요?"

"그래서 되도록 금리에 영향을 안 받을 수 있게 듀레이션이 짧은 하이일드 채권을 매수해 보라고 제안했지."

"크레디트 스프레드는 회사채의 총수익률에서 안전자산인 국채 수익률을 뺀 거라고 하셨잖아요?"

"맞아."

"그러면 지금 회사채 금리가 되게 높은데 회사채의 크레디트 스프레드는 되게 낮으면, 이건 어떤 의미에요?"

"국채 금리가 높다는 건 국채 가격이 낮다는 거야. 즉 사람들이 국채를 잘 안 사려고 하니까 그러겠지?"

"왜 국채를 사지 않으려고 할까요?"

"두 가지 이유가 있단다. 첫 번째는 경제 상황이 매우 좋아서 좀 더 위험한 금융 상품을 사려는 사람이 늘어나면 안전자산의 인기가 떨어지기 때문이야. 그러니 안전자산인 국채 가격은 내려갈 수밖에 없지. 이때 회사채의 인기 상승으로 크레디트 스프레드는 오히려 하락하고, 신용 위험이 낮게 평가되니 수익률이 떨어지면서 채권 가격은 상승한단다. 두 번째 이유는 투자자들이 '저 나라는 못 믿겠다'면서 국채를 팔아 버리기 때문이야. 이런 현상은 해당 국가가 무분별하게 빚을 늘리거나, 세수 부족으로 재정 적자가 심해지는 것처럼 국가 재정 건전성이 훼손되거나, 국가 내 정치적 혼란이 심화되는 등의 문제가 나타날 때 일어나. 이때는 크레디트 스프레드도 함께 확대되면서 채권시장에 일대 혼란이 일어날 수 있어."

"국채 가격이 떨어지는 상황은 똑같아도 크레디트 스프레드는 회사채마다 제각각이겠죠?"

"맞아. 이 와중에도 어떤 산업 분야 회사채의 크레디트 스프레드는 확대되지만, 또 다른 산업 분야 회사채의 크레디트 스프레드는 축소되어 매력적인 상품으로 보인단다. 마찬가지로 주식에서도 회사의 산업 환경과 내부 상황에 따라 흥망성쇠가 달라져. 왜냐하면……."

"크레디트 스프레드와 주가는 회사의 고유 위험을 나타내기 때문에요?"

"정혁이가 여전히 의미를 잘 기억하고 있구나!"

체계적 위험과 비체계적 위험

정혁: 아빠, 수많은 기업의 가격이나 크레디트 스프레드를 분석하려면 시간을 엄청나게 들여야 하잖아요. 분석하다가 투자 기회를 놓칠 것 같아요.

아빠: 투자자는 두 부류가 있어. 먼저 개별 종목을 일일이 '톺아보며' 회사의 내재 가치와 실제 주가를 비교하는 투자자가 있지. 이런 투자자가 저PER주와 저PBR주에 가치 투자를 한단다. 반면에 분석할 시간도 없고, 그럴 능력도 없다면서 이런 아이디어를 내는 투자자가 있어. '혹시 서로 다른 산업에 속한 기업들을 몽땅 하나의 바구니에 담으면 회사 고유의 위험이 사라지지 않을까?' 하고 생각하는 거야.

정혁: 그렇게 하면 실제로 회사 고유의 위험이 사라져요?

아빠: 응, 예를 들면 유가가 오르는 바람에 물가가 상승하고 이어서 채권

금리가 상승한다고 해 보자. IT 산업군에 속한 성장주들은 미래에 벌어들일 돈이 같다면 높아진 할인율 때문에 회사의 현재 가치가 떨어져서 주가가 하락하지만, 정유 회사들의 주가는 마진 개선으로 상승할 거야. 반면에 유가가 내려가서 금리가 하락하면 반대의 결과가 나타날 거야. 그러면 이 두 종류의 종목을 합쳤을 때 해당 금융 상품의 수익률 변동성은 많이 낮아지겠지?

정혁: 아아, 서로 다른 종목을 합쳐서 한쪽의 손실을 다른 쪽의 이익으로 상쇄하는 거네요. 훌륭한 팀워크인데요?

아빠: 결국 회사 고유의 위험은 사라지고, 남은 건 오로지 금융시장과 관련한 위험뿐이지. 여기서 금융시장과 관련한 위험이란 경제 이벤트, 정치 이벤트 등 거시적인 요인에 의해서 발생하는 걸 말해. 일종의 '숲'이라고 보면 돼.

정혁: 그러면 회사 고유의 위험이 '나무'겠네요, 하하.

아빠: 금융시장과 관련한 위험을 체계적 위험이라고 하고, 회사 고유의 위험을 비체계적 위험이라고 부르기도 해.

정혁: 아빠, 경제 격언 중에서 '달걀을 한 바구니에 담지 마라'라는 거 있잖아요. 달걀 여러 개를 한 바구니에 담았다가는 모두 깨질 수 있다는 거죠? 한 가지 종목만 계속 담는 건 위험하니까 여러 종목을 골고루 살펴보라는 의미일까요?

아빠: 달걀을 한 바구니에 담지 말라는 건 노벨 경제학상을 수상한 미국의 경제학자 해리 마코위츠 Harry Markowitz가 말했던 유명한 투자 격

언이지. 한 종목에만 집중투자하다가 손실이 발생하면 투자금을 잃을 수 있으니 분산투자를 하라는 뜻이야. 그런데 정혁이 말처럼 여러 종목에 골고루 투자하는 건 엄밀히 말해서 비체계적 위험을 줄여 주지만, 체계적 위험은 그대로 남는단다.

아빠가 그래프 하나를 보여 주고 이어서 설명한다.

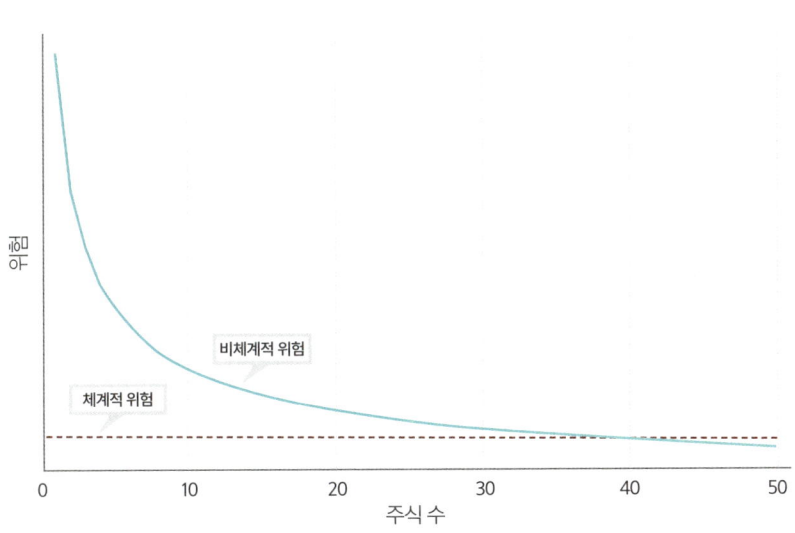

아빠: 여러 종목으로 구성된 하나의 금융 상품을 설계할 때는 오로지 시장 위험 같은 체계적 위험에 초점을 맞춰 운용하면 되니까, 운용하는 사람도 편하고 거기에 투자하는 사람도 일희일비할 필요 없이

편하게 투자할 수 있어. 여러 종목으로 구성하면 비체계적 위험이 줄어들어서 체계적 위험에만 집중하면 되거든. 이런 방법으로 위험을 분산해서 줄여 나가는 효과를 '포트폴리오 효과'라고 해.

포트폴리오 효과를 활용한 주가지수

정혁: 아빠, 이 세상에 있는 모든 종목을 포함하면 가장 이상적인 포트폴리오가 되겠네요!

아빠: 하하, 사실 포트폴리오를 구성하는 종목이 30~50개 정도면 웬만한 비체계적 위험은 다 제거할 수 있어. 그러니까 그렇게까지 힘들여서 포트폴리오를 만들 필요는 없어.

정혁: 아빠, 듀레이션과 베타에 관해 설명할 때 채권이나 주식의 가격 민감도가 금리, 그리고 주가지수에 의해 결정된다고 말씀하셨잖아요. 여기서 나오는 주가지수가 시장 위험이라고 설명도 하셨구요.

아빠: 그런 거까지 다 기억하고 있었어? 맞아! 주가지수가 포트폴리오 효과를 가장 잘 설명하는 예라고 할 수 있지. 매일 방송하는 경제 뉴스에 제일 먼저 나오는 것도 글로벌 증시 소식의 주가지수 전일 대비 등락, 국내 주가지수 현황이야. 이 지수들이 그날의 시장 위험을 가장 잘 설명하고 있다고도 할 수 있단다.

정혁: 그러면 아빠, 미국 주식시장을 대표하는 S&P 500과 국내 주식

시장을 대표하는 코스피 지수는 어떤 종목으로 구성돼 있어요?

아빠: S&P 500은 이름에서 말해 주듯 각 산업을 대표하는 500개의 미국 주식을 각 기업의 시가총액 비중에 따라 편입 및 구성하는 지수야. 주요 구성 종목은 다음과 같아.

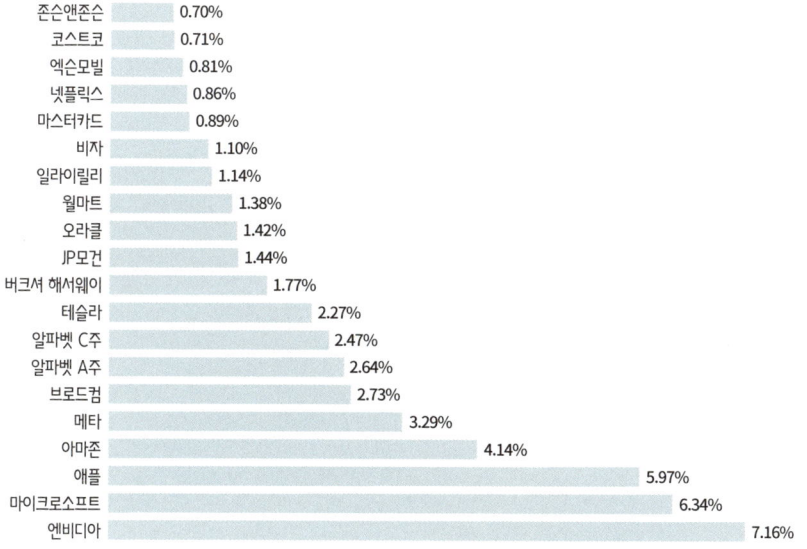

정혁: 엔비디아, 마이크로소프트, 애플, 아마존… 현재는 IT 종목이 상위권을 차지하고 있네요?

아빠: 그래서 최근 미국 산업의 동향을 보면 IT, 그중에서도 인공지능 산업이 얼마나 발전할 것인지에 따라 주가지수의 움직임이 결정돼.

개별 주식의 고유한 위험은 상당히 희석돼서 별로 신경 쓰지 않아도 된단다. 즉 규제 완화 또는 강화, 기술 발전 등 금융시장이라는 거대한 것만 신경 쓰면 돼.

정혁: 그러면 코스피 지수는 어때요?

아빠: 미국은 500개 기업의 비중이 쏠림 없이 비교적 고르게 분포돼 있어서 비체계적 위험을 상당 부분 제거한 데 반해, 우리나라는 삼성전자가 코스피에서 차지하는 비중이 높아서 삼성전자 고유의 위험을 완전히 없애지 못한 단점이 있어.

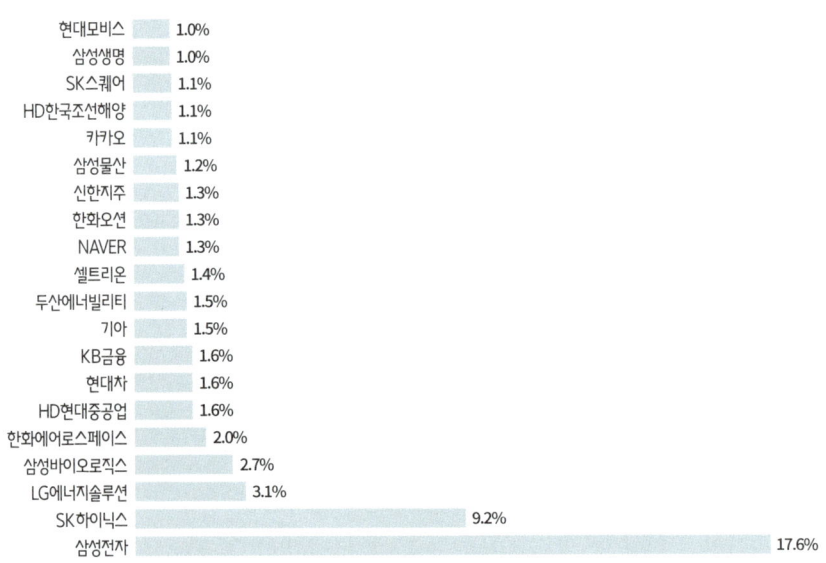

코스피 200 상위 20개사 비중
(2025년 9월 기준)

자료: 한국거래소 정보시스템

정혁: 삼성전자와 SK하이닉스, 두 거대 반도체 회사가 25퍼센트 이상 차지하고 있네요. 그러면 다른 회사들이 모두 분발해도 오너리스크나 두 기업의 실적 발표 같은 비체계적 위험이 고스란히 남아 있겠네요.

아빠: 시가총액을 기준으로 비례해서 지수를 구성하면 우리나라 코스피처럼 비중 높은 기업의 비체계적인 위험을 완전히 제거할 수 없어. 그래서 미국에는 다우 지수처럼 시가총액과 관계없이 20개 종목을 5퍼센트씩 동일하게 간주해서 구성하는 지수도 있어.

사실 시가총액이 높다는 건 그만큼 해당 기업에 대한 투자자의 관심이 높고 타 종목 대비 매수를 많이 한다는 뜻이기도 해. 그래서 비체계적 위험을 제거하려고 균등하게 배분하면 자칫 체계적 위험, 즉 시장의 주요 이슈가 과대 또는 과소 평가될 우려가 있단다.

지수를 추종하는 금융 상품, ETF

정혁: 아빠, 지수에 투자할 수도 있어요? 주가지수가 경제 상황을 판단하는 데 도움이 되는 건 알겠어요. 그런데 주가지수 비중대로 주식을 사고파는 일이 번거롭기도 한 거 같아요.

아빠: 우리가 직접 주식시장에서 주가지수의 종목, 비중과 동일하게 투

자하는 건 사실 불가능해. 만약 채권지수에 투자하고 싶다면 해당 지수에 포함된 채권을 사야 하는데, 기관투자자들이 주로 매매하는 채권시장에서 개인이 직접 매매하기는 사실상 불가능한 일이거든. 그러니까 주가지수나 채권지수를 추종하는 금융 상품을 설계하는 건 전문가에게 맡기자고!

정혁: 그렇게 만든 상품을 사면, 해당 주가지수를 사는 것과 똑같아요?

아빠: 딩동댕! 우리가 지수 추종 ETF를 사면, 해당 주가지수를 사는 효과를 얻을 수 있지. 마치 커피 한 잔 값으로 애플 회사의 주주가 될 기회를 잡았다고나 할까?

• Tip • **ETF의 장점**

① **거래하기 편하다:** 안정적인 이자 수익에 초점을 맞추고 투자하는 개인들이 모바일을 통해 증권사가 보유하고 있는 채권을 매입할 수 있다. 그러나 채권은 거래소를 통한 장내거래와 거래소 바깥 장외거래에서 동시에 가격 호가가 제시된다(하나의 부동산 매물을 놓고 여러 부동산 중개업자가 각기 다른 가격으로 매수 희망자에게 보여 주는 것을 상상하면 된다). 앞으로 원유 가격이 오를 것으로 예상해서 선물 시장에서 원유 선물을 거래할 수도 있

다. 그러나 원유 선물은 만기가 있으므로 주기적으로 롤오버(보유 선물을 매도하고 새로운 선물을 매수하는 행위)를 해야 한다. 만약 롤오버 일정을 잊어버리는 경우 자칫 선물 만기 때 원유 현물을 어디 창고에 보관하느냐를 놓고 고민해야 한다.

그러나 ETF 보유 기초자산이 무엇이든 ETF는 주식과 같은 논리로 거래소에서 거래가 된다. 거래소에서 ETF는 일물일가, 즉 하나의 상품에는 단일가가 적용된다는 것이다. 시장에서 형성되는 가격 이외에 더 매력있는 가격이 있음을 의심할 필요도 없고, 투자자 본인의 부주의(?)로 상품을 어디에 보관했는지 고민을 할 필요도 없다. 거래소에서 원하는 ETF 티커를 통해서 검색하고 매매하기만 하면 된다.

② **싸다:** 자동차, 가전제품 등 수리를 의뢰한 후 받아 보는 청구서의 항목을 보면 인건비 비중이 가장 높다. 특히 난도가 높은 수리의 경우에 인건비가 차지하는 비중이 점점 높아진다. 금융 상품도 마찬가지이다. 펀드 또는 ETF를 운용하는 매니저의 '개인기'를 바탕으로 수익률을 제고하는 전략이라면 운용사에 지불하는 운용 보수가 높아진다. 2020년 코로나19 팬데믹 극복 과정 이후 인기를 끌고 있는 액티브 ETF는 예외이지만, 대부분의 패시브(소극적) ETF는 운용사가 벤치마크로 삼는 지수를 복제하고 이 지수와 최대한 똑같이 만드는 것을 목적으로 할 뿐이다. 이때 운용역의 아이디어나 개인기는 전혀 개입하지 않는다. 앞으로 상승할 것으로 기

대가 되는 지수를 찾아서, 그것을 복제하는 ETF의 종류를 늘려서 투자자들의 선택권을 넓히면 되는 것이다. 따라서 ETF의 수수료는 매우 저렴하다.

③ **내가 원하는 모든 종목을 살 수 있다**: '커피 한 잔 값으로 내가 애플의 주주가 된다고?' ETF는 지수를 복제하여 만든 상품이라고 했다. 지수 안에는 다양한 종류의 개별 종목들이 포함되어 있다. S&P 500은 500개의 개별 종목으로 구성되어 있다. 따라서 스테이트스트리트가 출시한 SPY US Equity 같이 S&P 500을 추종하는 ETF의 경우, 투자자가 최소 단위로 투자만 해도 500개 종목을 가지고 있는 것이나 다름없다.

ETF 투자를 통해 다양한 종목에 투자할 수 있으므로 투자자는 저절로 분산투자의 장점을 취할 수 있다. 앞으로 일어날 일들에 대해 나의 예측대로 진행되지 않음을 다 알고 있을 것이다. 포트폴리오 이론에 따르면, 종목 수가 많은 포트폴리오일수록 종목 고유의 위험(비체계적 위험)을 많이 제거할 수 있으며 결국 시장 위험(체계적 위험)만 존재한다.

④ **투자하기 어려운 상품도 쉽게 매매할 수 있다**: 주식, 채권 같은 전통자산은 개별 종목별 접근이 용이하다. 거래소에서 직접 거래를 하거나 채권을 보유하고 있는 증권사 등 중개인을 통해서 매매가 가능하기 때문이다. 그러나 레버러지(보유 자산을 담보로 원금의 몇 배를 차입해서 투자금액을 늘리는 전략)이나 스왑(은행 등 금융기관과 사전에

약속한 대로 주기적으로 현금을 주고받는 장외파생상품) 같은 장외파생상품은 기관투자가조차 제한이 많은 전략이다. 간단한 예로 원·달러 환율이 달러당 1,500원 근처까지 간 2024년 12월, 우리나라의 경제 체력을 감안해서 과도하게 올라갔다고 생각한다면 당연히 앞으로 달러 표시 금융 상품을 투자할 때 원·달러 헤지를 통해서 달러 가치 하락에 따른 손실을 막고 싶을 것이다. 그런데 개인이 적은 투자금으로 원·달러를 헤지할 수 있는 방법이 없다. 고위험군으로 분류가 되는 고액 보유 투자자라도 증권사를 통해 파생상품을 거래할 자격을 갖는 과정이 매우 까다롭기 때문이다. 이때 원·달러 통화스왑 등 헤지를 할 수 있는 운용사가 출시한 ETF가 있다면, 투자자는 그 ETF를 매입하기만 하면 저절로 문제가 해결된다.

⑤ **투명하다**: ETF 운용사는 영업시간 종료 후 기초자산 내역, 순자산가치Net Asset Value, 특이사항 등을 공시해야 한다(액티브 ETF는 예외). 반면 뮤추얼펀드는 국내 기준 매분기 운용보고서를 통해 과거의 운용실적, 보유내역을 체크할 뿐이다. 미국에서는 1억 달러 이상의 총자산Asset Under Management, AUM을 운용하는 사모펀드 및 헤지펀드는 3개월마다 13F라는 양식으로 공시하기도 한다. 일별 공시는 운용사 입장에서는 번거로울 수 있겠지만, 상품의 투명성을 제고한다는 점에서 투자자에게 올바른 정보를 제공하는 데 의의가 있다.

자료: 신년기, 『채권의 바이블, 그리고 ETF』

주요 지수 추종 ETF 현황

티커	운용사	추종 지수	시가 총액	수수료 (%)	수익률(%)				
					2021년	2022년	2023년	2024년	YTD*
SPY	스테이트스트리트	S&P 500	6,035억 달러	0.09	28.8	-18.2	26.2	24.9	13.0
QQQ	인베스코	나스닥	3,554억 달러	0.20	27.4	-32.6	54.9	25.6	16.5
069500	삼성자산운용	코스피 200	6조 9,000억 원	0.15	0.3	-24.2	25.3	-9.9	48.1

* 2025년 9월 기준

자료: Yahoo Finance, 한국거래소 정보데이터시스템

- 채권에서 크레디트 스프레드는 기업의 고유 위험을 나타내는데, 이는 주식시장에서 개별 종목의 비체계적 위험과 동일한 의미로 사용한다.
- 체계적 위험이란 시장 전체에 영향을 미치는 위험으로, 경제지표 서프라이즈나 정치적 혼란 등 거시적인 요인에 따라 미치는 개별 주식의 수익률 영향도를 의미한다.
- 포트폴리오 효과란 금융 상품 내에 여러 종류의 종목이 편입되어 회사 고유의 위험을 상쇄하는 것을 의미한다.
- 비체계적 위험은 포트폴리오 효과를 통해 제거할 수 있으며, 오로지 체계적 위험에만 신경 쓰면 된다.
- 포트폴리오 효과를 이용해서 만든 대표적인 것이 주가지수이며, 이는 국가 경제 및 금융 상황을 가장 잘 대변하는 지표로 사용된다.
- 주가지수 등 벤치마크를 추종하는 금융 상품의 대표적인 예가 ETF이며, 개인 투자자가 소액으로 해당 ETF에 투자하면 마치 주가지수에 투자하는 효과를 얻게 된다.

채권과 주식의 시너지를 꿈꾸며

"네트워크는 어디에나 존재한다.
우리가 필요한 것은 그것을 알아볼 눈이다."
_알베르트-라슬로 바라바시 Albert-László Barabási

오랜 기간 다양한 회사의 딜링룸에서 일하면서 한 가지 이상한 공통점을 찾았다. 그것은 채권을 운용하는 집단과 주식을 운용하는 집단이 완전히 분리되어 대화조차 거의 없이 지내고 있다는 점이었다. 경기 상황과 금융시장에 따라 때로는 주식 운용 수익률이, 그리고 때로는 채권 운용 수익률이 다른 금융 상품 운용 성과 대비 더 잘 나온다. 아무리 특출난 운용역이 상품을 운용해도 거대한 시장 방향을 거스르기 어렵다.

언젠가는 채권과 주식의 특성이 서로 연결되어 시너지를 낼 수 있는 뭔가를 찾고 싶었다. 채권의 듀레이션이나 주식의 베타처럼 일종의 민감도를 측정하는 지표에서 연결고리를 찾고 이를 응용해서 수익을 낼 수 있는 지점을 찾고 싶었다. 어쩌면 시도하지 않았던 일을 책에 담느라 억지 논리를 붙여서 독자에게 불편함을 줬을 수도 있다. 그럼에도 불구하고 필자는 채권의 특성에서 주식 투자의 기회를 찾을 수 있는 개념에 관해 설명하고 싶었다. 책에 담은 개념들은 금융시장에 조금이나마 관심을 가졌던 독자라면 한 번쯤 들어 봤을 만한 대중적인 개념이다.

이와 별개로 투자는 일종의 심리 게임이다. 스테이블코인과 미국의 가상 자산 규제 완화와 맞물려 상승에 열광하고 있는 써클Circle(코인베이스와 합작해서 대표 스테이블코인 USDC를 발행·운영하는 기업)이나 비트마인Bitmine(이더리움 운영 회사로 탈바꿈한 기업) 같은 종목의 주가를 보고 있노라면 무작정 들어가고 싶다. 그러나 심리지표를 역이용해서 투자심리가 바닥일 때 매집하고 탐욕이 정점일 때 매도하는 전략이 맞다고 믿어 온 지난 20여 년 간의 운용 경험과 믿음을 저버릴 수 없다. 오히려 독자들에게 유용한 심리지표를 보여줌으로써 채권과 주식, 그리고 심리지표 간의 연결고리를 통해 투자 기회를 열어 주어야 한다. 바로 포모 심리를 떨쳐냈다.

어떻게 하면 쉽게 개념을 설명할 수 있을까, 어떻게 하면 투자 기회를 찾을 수 있는 연결고리가 될 수 있을까 고민하면서 글을 썼다. 이 책이 조금이나마 독자분들의 투자에 도움이 되었으면 하는 바람이다.

2025년 11월 어느 날

조용한 카페에서

채권을 알면 주식이 보인다

초판 1쇄 인쇄 2025년 11월 7일
초판 1쇄 발행 2025년 11월 17일

지은이 신년기

펴낸이 김연홍
펴낸곳 아라크네

출판등록 1999년 10월 12일 제2-2945호
주소 서울시 마포구 성미산로 187 아라크네빌딩 5층(연남동)
전화 02-334-3887   **팩스** 02-334-2068

ISBN 979-11-5774-785-6 03320

※ 잘못된 책은 바꾸어 드립니다.
※ 값은 뒤표지에 있습니다.